永恒的华夏史诗丛书
——纪念碑

陆 飞/编著

吉林人民出版社

图书在版编目(CIP)数据

纪念碑 / 陆飞编著. -- 长春:吉林人民出版社,2012.5

(永恒的华夏史诗丛书)

ISBN 978-7-206-09064-6

Ⅰ.①纪… Ⅱ.①陆… Ⅲ.①纪念碑–中国–青年读物②纪念碑–中国–少年读物 Ⅳ.①K928.8-49

中国版本图书馆CIP数据核字(2012)第113480号

纪念碑

JINIANBEI

编　　著:陆　飞
责任编辑:卢俊宁　　　　　　封面设计:七洱
吉林人民出版社出版 发行(长春市人民大街7548号 邮政编码:130022)
印　　刷:鸿鹄(唐山)印务有限公司
开　　本:670mm×950mm　1/16
印　　张:12　　　　　　　　字　　数:90千字
标准书号:ISBN 978-7-206-09064-6
版　　次:2012年7月第1版　　印　　次:2021年8月第2次印刷
定　　价:38.00元

如发现印装质量问题,影响阅读,请与出版社联系调换。

目 录

二七烈士纪念碑 1

十三陵水库纪念碑 2

二三革命纪念碑 3

十二桥烈士纪念碑 4

七十七烈士纪念碑 5

七亘大捷纪念碑 5

九龙泉烈士纪念碑 6

九一八残历纪念碑 6

三十八军抗日阵亡官兵纪念碑 8

六一惨案纪念碑 9

三河坝战役纪念碑 10

四明山革命烈士纪念碑 11

四保临江纪念碑 12

四渡赤水纪念碑 13

厂窖惨案遇难同胞纪念碑 16

人民英雄纪念碑 16

八女投江纪念碑 18

三元里抗英烈士纪念碑 …………………………… 20
工农运动死难烈士纪念碑 ………………………… 20
上甘岭烈士纪念碑 ………………………………… 21
川河盖战斗纪念碑 ………………………………… 23
川陕革命根据地红军山烈士纪念碑 ……………… 24
川藏、青藏公路纪念碑 …………………………… 25
广州起义纪念碑 …………………………………… 28
广东省航空纪念碑 ………………………………… 30
宁河县抗震纪念碑 ………………………………… 30
马仁兴将军纪念碑 ………………………………… 32
王希天纪念碑 ……………………………………… 32
王德泰纪念碑 ……………………………………… 33
天津市抗震纪念碑 ………………………………… 34
太行新闻烈士纪念碑 ……………………………… 36
无名烈士纪念碑 …………………………………… 37
车桥战役纪念碑 …………………………………… 38
井冈山黄洋界保卫战纪念碑 ……………………… 39
韦岗战斗胜利纪念碑 ……………………………… 40
井冈山会师纪念碑 ………………………………… 42
中华铁路工人纪念碑 ……………………………… 43
中国妇女纪念碑 …………………………………… 44

中国少年英雄纪念碑 …………………………… 45

长白革命烈士纪念碑 …………………………… 46

长春解放纪念碑 ………………………………… 46

乌苏镇哨所纪念碑 ……………………………… 48

六连岭烈士纪念碑 ……………………………… 49

双堆集烈士纪念碑 ……………………………… 50

东北解放纪念碑 ………………………………… 51

龙源口大捷纪念碑 ……………………………… 52

平北抗战烈士纪念碑 …………………………… 53

平顶山殉难同胞纪念碑 ………………………… 54

石家庄解放纪念碑 ……………………………… 55

北大革命英烈纪念碑 …………………………… 55

西安烈士纪念碑 ………………………………… 56

西南联大纪念碑 ………………………………… 57

"百团大战"纪念碑 ……………………………… 58

华人纪念碑 ……………………………………… 60

华工纪念碑 ……………………………………… 61

安溪革命烈士纪念碑 …………………………… 61

江东门遇难同胞纪念碑 ………………………… 62

孙凤鸣纪念碑 …………………………………… 62

孙文龙纪念碑 …………………………………… 63

孙玉清烈士纪念碑 …………………………… 64

孙思邈医德纪念碑 …………………………… 65

红八军纪念碑 ………………………………… 66

红二、六军团会师纪念碑 …………………… 66

红军渡河纪念碑 ……………………………… 67

红军长征纪念碑园 …………………………… 69

红军飞夺泸定桥纪念碑 ……………………… 71

红旗渠纪念碑 ………………………………… 73

劳山战役纪念碑 ……………………………… 74

苏中七战七捷纪念碑 ………………………… 75

苏联红军纪念碑 ……………………………… 77

苏联红军阵亡将士纪念碑 …………………… 78

抗战胜利纪念碑 ……………………………… 79

抗洪抢险胜利纪念碑 ………………………… 80

抗联战士纪念碑 ……………………………… 81

杨根思烈士碑 ………………………………… 82

杨靖宇纪念碑 ………………………………… 83

双阳县革命烈士纪念碑 ……………………… 84

何挺颖烈士纪念碑 …………………………… 84

辛亥保路纪念碑 ……………………………… 85

张自忠将军殉国纪念碑 ……………………… 87

张清运纪念碑 …………………………………… 88

张寒晖墓碑 …………………………………… 88

张露萍等七烈士纪念碑 ……………………… 89

陈庄歼灭战纪念碑 …………………………… 91

陈英士烈士纪念碑 …………………………… 92

陈翰章将军纪念碑 …………………………… 93

灵田起义纪念碑 ……………………………… 94

直罗镇战役纪念碑 …………………………… 96

雨花台烈士纪念碑 …………………………… 97

欧阳海纪念碑 ………………………………… 98

环龙纪念碑 …………………………………… 99

范筑先纪念碑 ………………………………… 100

罗盛教纪念碑 ………………………………… 101

周文雍烈士纪念碑 …………………………… 102

佳木斯市军民共建纪念碑 …………………… 103

鱼雷营遇难同胞纪念碑 ……………………… 105

空海纪念碑 …………………………………… 105

宝山烈士纪念碑 ……………………………… 106

宜兴农民秋收暴动纪念碑 …………………… 107

郑州公路大桥纪念碑 ………………………… 108

河南黄漂队开漂纪念碑 ……………………… 109

5

法卡山英雄纪念碑 …………………………………… 110
泸州起义纪念碑 ……………………………………… 110
孟良崮战役纪念碑 …………………………………… 111
草鞋峡遇难同胞纪念碑 ……………………………… 113
革命烈士纪念碑（辽宁本溪）……………………… 114
革命烈士纪念碑（山东莱芜）……………………… 114
南开四烈士纪念碑 …………………………………… 115
赵州桥纪念碑 ………………………………………… 115
赵尚志烈士纪念碑 …………………………………… 116
荆江分洪纪念碑 ……………………………………… 117
响堂铺伏击战纪念碑 ………………………………… 118
饶河抗日游击队纪念碑 ……………………………… 119
段德昌烈士纪念碑 …………………………………… 120
施洋烈士纪念碑 ……………………………………… 121
恽代英烈士纪念碑 …………………………………… 122
闽北革命烈士纪念碑 ………………………………… 124
闽西革命烈士纪念碑 ………………………………… 124
洋县革命烈士纪念碑 ………………………………… 125
聂耳纪念碑 …………………………………………… 126
烈士纪念碑 …………………………………………… 128
挹江门丛葬地纪念碑 ………………………………… 129

莆田革命烈士纪念碑	130
爱民林纪念碑	131
爱民抢险七勇士纪念碑	132
"爱我中华，修我长城"纪念碑	132
倒马坎战斗纪念碑	134
铁路华工纪念碑	135
铁道兵开发大兴安岭纪念碑	136
唐山抗震纪念碑	136
郭沫若纪念碑	138
浙江革命烈士纪念碑	139
海军收复西沙群岛纪念碑	141
能源重化工基地纪念碑	142
黄龟渊纪念碑	143
黄麻起义和鄂豫皖苏区革命烈士纪念碑	144
梅里雪山遇难勇士纪念碑	145
梅河口战役革命烈士纪念碑	146
鄂豫边区革命烈士纪念碑	146
密云水库纪念碑	147
深圳烈士纪念碑	148
清华英烈纪念碑	148
清凉山遇难同胞纪念碑	149

彭加木纪念碑 …………………………………………… 149

雁宿崖黄土岭战役胜利纪念碑 ………………………… 151

厦门革命烈士纪念碑 …………………………………… 152

塔北沙参二井纪念碑 …………………………………… 153

鲁艺殉难烈士纪念碑 …………………………………… 154

皖南事变死难烈士纪念碑 ……………………………… 154

集美解放纪念碑 ………………………………………… 157

寇绍周同志纪念碑 ……………………………………… 158

谢东屏烈士纪念碑 ……………………………………… 158

湖南烈士公园纪念碑 …………………………………… 159

渡江胜利纪念碑 ………………………………………… 160

雷锋同志纪念碑 ………………………………………… 163

榆林桥战役纪念碑 ……………………………………… 165

解放烈士纪念碑 ………………………………………… 165

解放海南纪念碑 ………………………………………… 167

解放太原烈士纪念碑 …………………………………… 168

新四军重建军部纪念碑 ………………………………… 170

《新华日报》总馆纪念碑 ……………………………… 172

煤炭港遇难同胞纪念碑 ………………………………… 172

碾庄烈士纪念碑 ………………………………………… 173

鞍山市革命烈士纪念碑 ………………………………… 174

燕子矶江滩遇难同胞纪念碑 …………………………… 174

冀东抗日暴动纪念碑 ……………………………………… 175

军民共建峨嵋山纪念碑 …………………………………… 178

军民同心引黄济青纪念碑 ………………………………… 179

军警民共建纪念碑 ………………………………………… 180

二七烈士纪念碑

位于湖北省武汉市汉口江岸。为纪念在京汉铁路工人大罢工中牺牲的革命烈士而建。1923年2月1日，京汉铁路（今京广铁路北段）工人在中国共产党领导下，在郑州举行京汉铁路总工会成立大会，遭到北洋军阀吴佩孚的武力阻挠。总工会决定举行总罢工表示反抗，提出"为自由而战，为人权而战"的口号，并将总工会移至汉口江岸办公。2月4日总罢工开始，全线各站工人一致行动，前后不到3小时，客车、货车、军车一律停驶，长达一千余公里的京汉铁路顿陷瘫痪。武汉各工团代表和江岸工人一万余人举行示威游行，高呼"全世界的劳动者联合起来"、"打倒军阀"等口号。罢工开始后，帝国主义和北洋军阀加紧勾结，密谋屠杀工人。2月7日，吴佩孚在帝国主义支持下，命令其部下萧耀南等在郑州、江岸、长辛店（今属北京）等地进行血腥镇压，工人被杀40多人，伤数百人，被捕入狱60余人，被开除千余人，造成"二七惨案"。

京汉铁路总工会江岸分会委员长林祥谦、湖北工团联合会和京汉铁路总工会法律顾问共产党员施洋先后遭杀害。罢工坚持到2月9日结束。1955年武汉市人民委员会、市总工会、武汉铁路局共同修建，1958年基本建成。碑用花岗石砌成，碑顶塑中国共产党党徽，正面镌刻毛泽东手书"二七烈士纪念碑"镏金大字，碑座正面为铁路路徽和火炬，刻1923年年号，两侧嵌白色大理石浮雕，展现大罢工的壮烈场面。碑阴镶白玉石，刻"武汉市各界人民敬立"的碑文。碑院占地9000平方米，其中建筑面积约1200平方米，植各类树木花草，绿化面积6000余平方米。

十三陵水库纪念碑

位于北京市十三陵水库大坝东端山坡上。1958年5月25日落成。巍峨的纪念碑正面镌刻着毛泽东同志的手书"十三陵水库"5个金光闪闪大字。其余三面分别镌刻着刘少奇、周恩来、朱德同志的题词。周恩来同志的题词："鼓足干劲，力争上游，多快好省地建设社会主义"；朱德同志的题词："移山造海，众志成城"。碑顶为人物造型和一面红旗。纪念碑下部镌刻着碑文。十三陵水库在昌平县城的东北部，明陵越区的东南。水库面积550万平方米，大坝长627米，坝高29米，总容水量约8200万立方米，深26米。建于1958年。在修建过程中，毛泽东、刘少奇、周恩来，朱德等党和国家领导人都来参加过劳动。

二三革命纪念碑

位于福建连江县透堡乡棋盘堂边。碑方形，周有平台。1957年为纪念争取民族解放英勇牺牲的革命烈士而建，内葬第二次国内革命战争时期，红军第七团为支援连江第十三游击支队牺牲的烈士遗骸20多具，其中多人系无名英雄。碑前占地

600平方米，遍植花木，供人瞻仰。

十二桥烈士纪念碑

位于四川省成都市。1949年12月7日成都解放前夕，国民党特务将关押在成都将军衙门内的30多位共产党员、进步人士和爱国青年学生，杀害于十二桥附近，烈士中有共产党员杨伯凯、张大成、徐海东等；有民主同盟和国民党革命委员会成员于渊、方智炯、徐茂森、有四川大学、华西大学学生余天觉和毛英才等。

为纪念死难烈士，建立此纪念碑。纪念碑由碑座和雕塑组成。雕塑分三部分，主体部分是一支雄伟的手，手上的铁链、铁铐被震断，从地面直插云霄。它以其雕塑自身的沉重、坚硬、肃穆、力量的视觉效果，给人悲壮、宏大、神圣、崇高的心灵感受。主体雕塑手的背景，是与之相呼应的浮雕群，几块散落在主体雕塑右侧的白色大理石碎块，显得参差，以蕴含烈士"宁为玉碎,不求瓦全"的意志。

七十七烈士纪念碑

位于湖北省长阳土家族自治县资丘镇。"七十七烈士纪念碑"是为纪念第二次国内革命战争时期死难的长阳土家族、汉族的革命烈士而建。原址资丘烟墩台,处于清江隔河岩库区。于1991年4月5日迁往资丘桃山,总投资20万元。

七亘大捷纪念碑

位于山西省平定县七亘村。1985年8月落成。七亘村是抗日战争时期刘伯承同志率部东渡黄河后,在太行山首战大捷的战址。这一仗,全歼了日寇坂垣师团下元旅团的3个中队,缴获了大量物资,给侵略者以重创,给民众抗日以信心。

为纪念抗日战争胜利40周年,平定县决定在七亘村建立

"七亘大捷纪念碑"。

九龙泉烈士纪念碑

位于陕西延安东南35公里的南泥湾九龙泉沟。立于1945年5月1日，1952年建保护亭。碑的正面有毛泽东题字："热爱人民真诚地为人民服务鞠躬尽瘁死而后已"。背面有胡龙的题字："三五九旅九团烈士纪念，为人民服务而光荣牺牲，为革命烈士要坚决复仇。"左侧是数百个"烈士芳名录"，并有记述烈士事迹功勋的碑文。

九一八残历纪念碑

位于辽宁沈阳市柳条湖。值九一八事变60周年（1991年9月）建成。九一八事变是日本帝国主义大规模武装侵略中国东北的事件。1931年9月18日，驻在中国东北境内的日本关东军，命令他的"守备队"炸毁了沈阳附近柳条湖的南满铁路路轨，却诬称是中国军队所为。并以此为借口向东北军驻地北大营发动进攻，炮轰沈阳城。当时蒋介石正集中力量进行反人民的内战，对日本侵略军采取了卖国投降政策，命令东北军"绝对不得抵抗"。几十万东北军几乎一枪不放地撤到了关内。日军于19日侵占沈阳，随即分兵侵占吉林、黑龙江等省，到1932年1月，日本侵占了东北全境。它不仅是日本帝国主义侵略中国的开端，也揭开了中国人民浴血抗战的序幕，是中国近代史上的一件大事。

九一八残历纪念碑以勿忘国耻为主题，整个设计成翻开的台历形状，里边是纪念展览馆。从前面看台历正好翻到1931年9月18日这一天。弹洞布满台历，加上白骨状的基石，以此象征日本帝国主义制造九一八事变，发动侵华战争给中华民族造成灾难。从后面看，台历的封面和封底被设计成"血肉长城雕塑"。整个外形由一烽火台和一段长城组成。15名抗日英烈的浮雕和城垛融合在一起，构成"把我们的血肉筑成新的长城"的主题基调。碑右半部醒目地刻有"1931年9月小，18

日星期五农历辛未年七"等日历残体的格式字样；左半部刻有九一八事变的史实："夜十时许，日军自爆南满铁路柳条湖段，反诬中国军队所为。随即攻占北大营，我东北军将士在不抵抗命令下忍痛撤退，灾难降临，人民奋起抗争。"整个碑体，弹痕累累，再现了日本帝国主义侵略中国，给亿万人民带来的苦难。

三十八军抗日阵亡官兵纪念碑

位于河南郑州邙山黄河游览区。1990年10月10日复碑落成。三十八军原属著名爱国将领杨虎城将军率领的十七路军，是发动"西安事变"的主力部队之一。从大革命时期开始，这支部队中就一直有中国共产党地下组织活动。抗战时期，杨虎城将军身陷囹圄，部队先后由孙蔚如、赵寿山将军指挥，参加了保定、娘子关、忻口、中条山、荥广、豫西等战役，许多优秀共产党员和广大爱国官兵为国捐躯。1941年冬，日寇侵占黄河南岸。三十八军十七师和新编三十五师英勇抗击，日夜奋战，不惜牺牲，终迫敌撤出郑州。1943年夏，为纪念阵亡官兵，两师分别立碑，以悼国殇。后经沧桑，十七师所立碑已无迹可寻，新编三十五师之碑也已残破。为弘扬民族之魂，发扬爱国主义精神，纪念先烈，教育后人，郑州市人民政府遵照中共河南省委的指示，决定修复新编三十五师抗战阵亡官兵纪念碑，并将原碑由荥阳县苏楼移至邙山，并建护碑亭。中国人民解放军总参谋部炮兵司令员（原三十八军新编三十五师师长）孔从洲为碑亭亲笔题联："铁骑摧强敌碧血愿浇华夏土，丹心报祖国豪情当化大河涛"，横额为："抗日烈士千古"。

六一惨案纪念碑

位于湖北省武汉大学体育馆南"六一纪念亭"内。建于1947年8月。1947年6月1日，武汉大学师生在中共地下党领导下，与国民党的反动统治进行斗争，当局军警镇压武汉大学学生运动，黄鸣岗、陈如丰、王志德三同学惨遭枪杀。同年8月，为纪念学生运动及遭反动军警镇压而牺牲的3名烈士而建立此碑。

三河坝战役纪念碑

位于广东省大浦县三河坝笔枝尾山顶。为纪念三河坝战役中光荣牺牲的烈士而建。1927年9月，当周恩来等同志领导的"八一"起义军进军潮汕的时候，朱德同志亲自指挥起义军二十五师和教导团，扼守在大浦三河坝。当时反动军阀钱大钧部两个多师，由梅县直下三河坝，妄图一口吃掉起义军。在强敌面前，朱德和周士第同志亲临笔枝尾山前沿，沉着指挥，激战三昼夜，终于打退了敌人一次又一次进攻，取得了三河坝战役的胜利。纪念碑于1963年11月落成。高约8米。朱德同志题写"八一起义军三河坝战役烈士纪念碑"碑名。周士第同志撰写了碑文：

"八一起义军一部分和大浦等处人民，在三河坝地区坚决抗击帝国主义走狗蒋介石、广东军阀、广西军阀的进攻，激战数昼夜，歼灭敌人一部，给敌人沉重打击。这是第二次国内革命战争时期，中国共产党和毛泽东同志领导中国人民反对帝国主义、封建主义、官僚资本主义所进行的千千万万次英勇战斗中的一次。在这次战斗中，起义军第二十五师参谋处长段步仁同志、第七十五团第三营营长蔡晴川同志和几百个中国人民优秀儿女光荣牺牲。我们与烈士们诀别已经有二十六年又两个月了，但是烈士们的坚强革命意志、勇敢战斗精神无时无刻不鼓舞我们前进，无时无刻不鞭策我们前进。

烈士们精神不死，永远活在中国人民的心中！"

四明山革命烈士纪念碑

位于浙江余姚县梁弄镇四明湖畔的狮子山上。为纪念在抗日战争，解放战争中，为人民解放事业英勇牺牲的革命烈士而建。碑面有郭沫若题写的"革命烈士永垂不朽"8个金色大字。

四保临江纪念碑

位于吉林省浑江市（今白山市）北山公园内。1990年9月24日落成。"三下江南，四保临江"是第三次国内革命战争时期，中国人民解放军在吉林临江地区粉碎国民党军进犯的战役。1946年10月，国民党军占领辽宁安东（今丹东）、通化等地后，于12月集中兵力向临江地区进攻，同时加强松花江南岸各要点的守备。中国人民解放军东北民主联军在南满的部队于12月17日至1947年4月3日，在临江、通化地区连续打垮了敌人4次进攻。在北满的部队从1947年1月2日至3月10日，三次向松花江南岸出击配合临江地区的作战。与此同时，在西满、东满的部队，也作了有力的配合行动。此役共歼敌5万余人，收复了南满桓仁、辑安（今集安）等5座县城及西满、辽南部队，粉碎了敌人的进攻。它的胜利，扭转了东北战场的战略形势，为东北解放战争的胜利创造了有利条件。为缅怀先烈的业绩，教育、激励后人，浑江市政府和各族各界人民捐款74万元，修建了"四保临江"纪念碑。陈云同志为纪念碑题词："人民烈士，浩气长存"。纪念碑造型由象征着"四保临江"的4面红旗组成，碑高19.47米，象征1947年。碑体由绛红色大理石装饰而成。

四渡赤水纪念碑

位于贵州省习水县。四渡赤水是第二次国内革命战争时期，中央红军长征中，在贵州、四川、云南边界地区，摆脱国民党军围追堵截，争取战略主动的作战行动。1935年1月遵义会议后，中央红军3万余人，在毛泽东同志亲自指挥下，为了从四川泸州、宜宾之间北渡长江，同川陕根据地红军第四方面军会合，于19日从遵义地区出发，经桐梓、松坎转向西进，

28日在鳛水（习水）西南土城重创四川军阀一个师后，29日分别在土城、元厚场渡过赤水河，进到云南威信（扎西）地区。蒋介石急调重兵到四川、云南、贵州三省交界地区进行围堵，并在长江沿岸构筑了严密的封锁线。当其重兵逼近威信地区时，红军为了争取主动，乃放弃从泸州、宜宾之间北渡长江的计划，乘贵州北部敌人比较空虚，突然转头东进，于2月18日和19日由土城东南的太平渡、二郎滩第二次渡过赤水河，将围堵之敌甩在后面。接着，以一部分兵力将回头尾追的敌军向温水方向吸引，主力再占桐梓、娄山关和遵义城，歼灭贵州军阀军队二个师。这时，蒋介石嫡系两个师从乌江南岸驰援遵义。红军以一部分兵力在遵义城西南郊老鸦山地区与敌展开激烈的争夺战，主力从侧翼突击，将敌主力歼灭于遵义城外；并乘胜猛追，将残敌大部歼灭于乌江北岸。

这次遵义地区的作战（遵义战役），共歼敌20个团，是长征以来第一个大胜仗。此后，红军几次寻敌作战，敌却在遵义地区周围加筑工事，小心防守，并加强乌江沿岸防御力量，防止中央红军同湖南西部永顺、桑植地区的第二、第六军团会合。红军为了调动和迷惑敌人，在运动中寻求歼敌机会，便从遵义地区再次西进，3月16日乘虚占领仁怀，17日由茅台三渡赤水河，19日进至四川南部古蔺地区。蒋介石以为红军又要北渡长江，急忙一面派兵西追，一面在四川、贵州、云南边界地区大修碉堡，企图封锁围歼红军。当其重兵奔集四川南部时，红军又突然折回，3月21日晚分别经二郎滩、九溪口、太平渡四渡赤水河，乘贵州北部、中部和东部广大地区敌军比较空虚，以一部分兵力牵制敌人，主力急速南进，于3月底，南渡乌江，将敌主力全部抛在乌江以北。接着，以一部分兵力进击瓮安、黄平，将敌向东吸引；主力直逼贵阳，诱出云南军阀军队前来增援后，乘虚进军云南，威胁昆明。当敌军主力回救昆明时，红军又突然转向西北挺进，5月上旬，于皎平渡胜利渡过金沙江，摆脱了数十万敌军的围追堵截，取得了战略转移中具有决定意义的胜利。

为纪念这一决定意义的胜利，特建此碑以资永志。

厂窑惨案遇难同胞纪念碑

坐落在湖南省南县厂窑。于七七事变50周年之际落成。1943年5月9日至12日，日本侵略军出动3千余人，汽艇数十艘，飞机数十架，进犯位于洞庭湖畔的南县厂窑地区，4天4夜杀害我同胞3万余人，烧毁房屋3千多间，船只2500多艘，劫掠了大量财物，造成了震惊全国的"厂窑大惨案"。为了纪念遇难同胞，南县人民建造了这座纪念碑。纪念碑由碑身、碑座两部分组成，碑座高5.9米，碑身高19.43米，象征着1943年5月9日，日本侵略军铁蹄践踏南县厂窑，残酷屠杀我同胞的日子。

人民英雄纪念碑

位于北京市天安门广场中心。1949年9月30日，中国人民政治协商会议第一届全体会议通过决议建碑，毛泽东同志为纪念碑奠基。后经全国广泛讨论，确定碑型，于1952年8月正式动工兴建，1958年4月落成，同年5月1日隆重揭幕。碑通高37.94米，碑座分两层，四周环绕汉白玉栏杆，均有台阶。底层座为海棠形，东西宽50.44米，南北长61.5米。上层座呈现方形。台座上是大小两层须弥座。下层大须弥座束腰部四面镶嵌着8块巨大的汉白玉浮雕，分别以虎门销烟、金田起义、武昌起义、五四运动、五卅运动、南昌起义、抗日游击战、胜利渡江为主题在胜利渡江的浮雕两侧，另有两幅以支前、欢迎解放军为题的装饰性浮雕。浮雕高2米，总长40.68米，雕刻着170多个人物，生动地表现出我国近百年来人民革命的伟大史实。上层小须弥座四周镌刻有牡丹、荷花、菊花、垂幔等组成的8个花环。两层须弥座承托着高大的碑身。碑心是一块长14.7米，宽2.9米，厚1米，重达103吨的大石。碑心正面（北面）镌刻着毛泽东同志题"人民英雄永垂不朽"8个镏金大字；背面是周恩来题写的碑文："三年以来，在人民解放战争和人民革命中牺牲的人民英雄们永垂不朽！三十年以来，在人民解放战争和人民革命中牺牲的人民英雄们永垂不朽！由此上溯到一千八百四十年，从那时起，为了反对内外敌人，争取民族独立和人民自由幸福在历次斗争中牺牲的人民英雄们永垂不朽！"。碑身两侧装饰着用五星、松柏和旗帜组成的浮雕花环，象征人民英雄的革命精神万古长存。整座纪念碑用1.7万余块花岗岩石和汉白玉石砌成，雄伟壮观，庄严肃穆。1991年初开始进行第一次维修，5月1日前夕竣工。更换了368块条石。修缮完全按原设计、原样进行的。1992年2月1日新安装庄重大方的新的护栏。护栏杆全部采用优质钢材制作，表层镀钛；栏杆顶端用铜质材料刻制，呈方柱形，由五星、齿轮、麦穗组成；栏杆之间用镀钛链环相连。

八女投江纪念碑

坐落在黑龙江省牡丹江市南郊牡丹江北岸。1986年9月8日奠基，康克清为奠基题词"八女英灵，永垂不朽"。1988年

8月1日落成。为纪念在抗日战争中壮烈牺牲的冷云等8位女烈士而建。1938年7月至9月，东北抗日联军第四军、第五军主力由依兰向五常一带征战。当部队返回刁翎附近时，五军妇女团只剩下指导员冷云，班长胡秀芝、杨贵珍、郭桂琴、董桂清、王惠民、李凤善和第四军被服厂厂长安顺福等8位同志，其中最大的23岁，最小的仅13岁。10月上旬队伍遭到敌人突然袭击，冷云等8位女同志被隔断在乌斯浑河边，同大队失去联系。她们顽强战斗，宁死不屈，最后子弹打光，共同跳入乌斯浑河，为祖国的解放事业献出了宝贵生命。解放后，人民政府在烈士们投江附近的山坡上，建立了纪念碑。纪念碑正面是老抗联战士陈雷题词："八女英魂，光照千秋"。纪念碑高80米，为三角形主体尖碑。八女投江纪念工程是1985年国家城乡建设部确定的全国重点纪念性建筑工程之一。除纪念碑外，还有两个跨度分别为20余米和75米的拱券及一组长12米、宽3米、高8米的英雄群体雕塑，整个工程占地约5公顷。

三元里抗英烈士纪念碑

位于广东省广州市北郊三元里村口小山岗上。1841年鸦片战争中,英国侵略军窜到广州城外,烧杀淫掠,无所不为。广州附近103乡人民自动组织起来,奋起抗英,于1841年5月30日大败英国侵略军于牛栏岗。1950年10月,为了纪念这次斗争牺牲的烈士,广州市人民政府在三元里村口的山岗上,建造了纪念碑。碑高约20米,正面高直,背面呈弧线向上收进的碑身,恍若一足前跨半步,凛然不可侵犯的人民英雄。碑文是:"一八四一年广东人民在三元里反对英帝国主义侵略斗争中牺牲的烈士永垂不朽",并在碑的周围广植草木,四周绕以围墙供人瞻仰、游览。

工农运动死难烈士纪念碑

位于广东广州市越秀南路93号中华全国总工会旧址内南

侧。1926年5月，中国第三次全国劳动大会与广东第二次农民大会合建。碑为花岗石砌成。方柱形尖顶，碑身上刻金字碑名和题款。仿须弥座形式的碑座镌有施洋、林祥谦、顾正红、李劳工、林宝宸等在湖南纱厂罢工、香港海员罢工、二七铁路罢工、五卅运动、省港大罢工、反奉战争和广东农民运动中死难烈士计152人的姓名。

上甘岭烈士纪念碑

位于朝鲜民主主义人民共和国金化东北上甘岭。1950年10月25日，美帝国主义悍然发动侵朝战争。中国人民志愿军跨过鸭绿江同朝鲜人民军一道打击侵略者。上甘岭战役是中国人民志愿军在朝鲜上甘岭粉碎美国侵略军进犯的战役。1952年10月8日，美军片面地中止停战谈判。于14日向金化东北上甘岭地区发起进攻，企图攻占上甘岭两侧高地，夺取五圣山。迫使中朝人民军队后退，以造成其在谈判中的有利地位。上甘岭的东西两高地是中国人民志愿军五圣山阵地前的要点，它的得失，不仅直接影响五圣山阵地，而且关系到平康地区整个防线的安危。中国人民志愿军一部，在朝鲜人民支援下，依托以坑道为主体的防御阵地，打退了敌人多次冲击，战斗异常激烈，阵地数次失而复得，在杀伤了大量敌人后，转入坑道坚持战斗，敌人用爆破、燃烧、烟熏等毒辣手段，企图破坏坑道。在地面部队配合下，退守坑道的志愿军克服缺粮、缺水、缺氧的严重困难，打破了敌人封锁和破坏坑道的企图。10月30日，志愿军以新的兵力投入战斗，经过反复争夺，恢复了已失的阵地。11月25日，战役胜利结束。此役历时43天。敌逐次投入兵力达6万余人，向仅3.7平方公里的阵地，投掷了几千枚重磅炸弹，山头被削低了2米。志愿军发扬了英勇顽强的战斗作风，打垮了敌人数百次冲击，歼敌2.5万余人，彻底粉碎了敌人的所谓"金化攻势"。

1953年3月，在上甘岭战役胜利结束以后，中国人民志愿军某部政治部为了永久纪念在战役中牺牲的烈士们，决定在上甘岭附近的英雄阵地上铭刻烈士们的纪念碑。在严寒的1月，战士们冒着大风雪，在五圣山一带山岭的石壁上。刻上了一行行的大字："上甘岭战役中牺牲的烈士永垂不朽！中国人民志愿军特级战斗英雄黄继光同志以身殉国永垂不朽！"，"中国人民志愿军特等功臣杨根思式的英雄朱有国、王万成同志永垂不朽！"，"为整体胜利而自我牺牲的伟大战士邱少云同志永垂不朽！"，"舍身炸敌群中国人民志愿军的一等功臣李文彦同志永垂不朽"。在通往上甘岭前线的一条公路旁的石碑上刻着："中国人民志愿军万里号司机陈永新同志永垂不朽"。石壁上刻出的每个大字都涂上了红漆，烈士们的英名将和英雄的山岭同传千秋万代。

川河盖战斗纪念碑

位于四川省秀山土家族苗族自治县川河盖。1986年8月落成。川河盖是当年红三军在川黔边创建的黔东特区革命根据地，是牵制敌人，掩护主力军进行战斗的地方。为了纪念英烈，激励后人而建。纪念碑高 10.5 米，宽 1.4 米，厚 0.8 米，为钢筋混凝土结构，造型精美。当年红三军第九师政委廖汉生为纪念碑书写了碑名。

川陕革命根据地红军山烈士纪念碑

坐落在四川省广元市红军山。1987 年 9 月 29 日落成。为纪念和缅怀为创建和巩固川陕革命根据地牺牲的革命先烈而建。中央军委副主席、原红军四方面军总指挥徐向前，为川陕革命根据地红军山烈士纪念碑题词："缅怀先烈遗志，发扬光荣传统"。

川陕革命根据地位于四川、陕西边界地区。1928 年，党领导川东、川北农民起义，组织革命武装，开展游击战争。1932 年 12 月，中国工农红军第四方面军由鄂豫皖区进入四川，与当地革命武装会合，攻下通江、南江、巴中，开辟了川陕革命根据地。1933 年 2 月 7 日，在通江成立川陕工农民主政府，开展土地革命，粉碎四川军阀的多次"围剿"，到1934年，根据地扩大到包括通江、南江、巴中、万源、城口、宣汉、达县、渠县、营山、阆中、广元等23个县和1个市。红四方面军扩大到5个军。1935年3月，国民党军发动进攻。张国焘擅自决定放弃川陕根据地，向川康边境转移。此间，有无数革命先烈献出了自己的宝贵生命。

川藏、青藏公路纪念碑

坐落在西藏自治区首府拉萨市民族路与沿河西路的交叉口上。1985年9月12日落成。1954年12月25日，川藏、青藏两条公路胜利通车到拉萨，在世界屋脊上创造出人间奇迹。西藏自治区党委、人民政府决定修建"川藏、青藏公路纪念碑"。它是祖国统一的标志，中华民族大团结的一个象征。川藏公路，从四川省成都经雅安、甘孜、马尼干戈到西藏自治区首府拉萨。长2400余公里。雅安至拉萨段原名康藏公路，后以成都为起点，改称现名；成都至雅安段为旧线；雅安至马尼干戈段1950年利用旧线改筑；马尼干戈至拉萨段1951年动工，1954年建成通车。沿途越过二郎、折多、雀儿山等，跨大渡河、金沙江、澜沧江、怒江等激流，平均海拔超过3000米，工程艰巨。是四川省和西藏自治区间的重要交通线。青藏公路，从青海省西宁经茶卡、香日德、格尔木到西藏自治区首府拉萨，长2100余公里。1950年动工，1954年通车。穿行在海拔4000米以上的青藏高原，跨长江上源，越昆仑，唐古拉等山。是西藏自治区同内地联系的重要交通线。1954年12月25日，川藏、青藏两公路同时通车拉萨。1984年初，"纪念川藏、青藏公路通车30周年筹备委员会"在全区征集纪念碑设计方案，并从32个方案中选出最佳方案。整个纪念碑高大雄伟，正面镌刻着胡耀邦同志1984年12月25日所题写的"川藏青藏公路纪念碑"碑名，背面用藏汉两种文字镌刻着西藏自治区人民政府1984年12月25日（藏历十六绕迥木鼠年十一月三十日）题写的碑文：

"建国之初，为实现祖国统一大业，增进民族团结，建设西南边疆，中央授命解放西藏，修筑川藏、青藏公路。

川藏公路东自成都，始建于1950年4月，青藏公路北起西宁动工于1950年6月。两公路全长4360余公路。1954年12月25日同时通车拉萨。

世界屋脊，地域辽阔，高寒缺氧，雪山阻隔。川藏、青藏两路，跨怒江，攀横断，渡通天，越昆仑，江河湍急，峰岳险峻。11万藏汉军民筑路员工，含辛茹苦，餐风卧雪，齐心协力，征服重重天险。挖填土石3000多万立方，造桥四百余座。五易寒暑，艰苦卓绝。3000志士英勇捐躯，一代业绩永垂青史。30年来，国家投以巨资，两路几经改建。青藏公路建成沥青路面。高原公路，亘古奇迹。四海闻名，五洲赞叹。

巍巍高原，两路贯通。北京拉萨，紧密相连。兄弟情谊，亲密无间。全藏公路，四通八达，经济文化繁盛，城乡面貌改观。藏汉同胞，歌舞翩跹，颂之为'彩虹'，誉之为'金桥'。新西藏前程似锦，各族人民携手向前。

值此两路通车30周年，感激中央，缅怀英烈，立石拉萨，永志纪念。"

整个纪念碑占地6000平方米。

广州起义纪念碑

位于广州市烈士陵园。为纪念广州起义60周年而建，1987年12月11日落成。

1927年，蒋介石、江精卫先后叛变革命，第一次国内革命战争遭到失败。中国共产党为了挽救革命，12月11日，由共产党人张太雷、叶挺、叶剑英等在广州领导工人和革命士兵举行武装起义。

这天凌晨三时半，叶剑英领导教导团打响了起义的第一枪，市内各处工人赤卫队立即向指定的目标进攻。经过激战，教导团和工人赤卫队粉碎了敌人的顽抗，占领了敌人的顽固堡垒公安局。到早晨起义队伍已占领全城，公安局的大楼上升起了艳丽的红旗，广州苏维埃政府在这里宣告成立。

12日上午，英、美、日、法等帝国主义的炮舰，一齐向市区发炮轰击。海军陆战队也纷纷在长堤登陆。到晚上，城外敌人的援军赶到，从3个方面包围了广州。为了保存革命力量，起义队伍撤出广州，有的奔向海陆丰，有的进入广西，继续坚持革命斗争。

该碑坐北朝南，碑身连平台高达45米，主体为3块巨石间伸出一只起义者的坚强手臂，紧握着一枝系着起义者标志（红布带）的步枪，寓意只有武装斗争才能推翻压在人民头上的三座大山。三巨石东南西北四面分别塑有"起义前的准备"、"攻打伪公安局"、"庆祝苏维埃政府成立"、"向农村转移"等场面的浮雕。正面的浮雕上方，刻着"广州起义烈士永垂不朽"10个金光闪闪的大字。纪念碑四周铺满长年生长的红草，碑座平台四角的石座上，摆放着4个铁铸的火盆，使人联想到先烈们的热血与革命的火炬。

该纪念碑是由广州市人民政府投资筹建，著名雕塑家尹积昌总体设计，深圳第四建筑工程公司承建。

广东省航空纪念碑

位于广州市沙河原国民党十九路军坟场内。1987年7月6日奠基。徐向前元帅为纪念碑题字。广东航空事业在我国近代航空史上有着重要的地位和作用。在第一次国内革命战争、东征、北伐和抗日战争中,先后有130余名空军将士为国捐躯,其中有不少是海外回国参战的华侨。修建此碑,将作为永久性的历史纪念,以加强海内外炎黄子孙的团结。早日实现祖国统一。纪念碑高4米,基座占地56平方米,采用四方对称三段式模型;碑正面朝东镌刻徐向前的题字"广东省航空纪念碑",北面镌刻孙中山"航空救国"的题字,西面为航空协会献石及阵亡空军将士英名,南面为市政府立碑说明。

宁河县抗震纪念碑

位于天津市宁河县芦台镇人民公园内。1986年7月26日落成。

纪念碑由碑体、碑座和底盘三部分组成。碑体由4块11米高的板柱构成，相对板柱距均为1976毫米，以此记载发生地震年份1976年。碑底为直径30米的正七边形，内接的每个边均设4个踏步台阶，七个边共计28个踏步台阶。象征着地震日为7月28日。底盘正中，是一个5米见方的碑座，高3.2米，四周镶宽4米，高1.8米的石板，上面有汉白玉浮雕和由美术理论家、书法家阎丽川教授书写的碑文：

"1976年7月28日凌晨，河北唐山发生七点八级地震；11月15日晚10时，复发强烈余震，震中位于宁河县，震级6.9级，震中烈度8度。震灾造成巨害。宁河人民在中国共产党领导下，在各省、市、自治区和人民解放军的支援下，奋起投入抗灾斗争，迅速重建家园，恢复生产，使宁河旧貌换新颜。英雄业绩，惊天动地，救灾抗震，难忘往昔。特立碑志念，以昭后昆。"

在碑座之上，板柱之间，安放4组锻铜人物雕塑，分别为：人民解放军救灾区，医务人员救死扶伤、重建美好家园和妇女抱子满怀希望的造型。

马仁兴将军纪念碑

位于吉林省白城子市。马仁兴（1904—1947），河北平乡县人。东北民主联军第七纵队第十九师师长。1947年6月23日，在四平攻坚战中光荣牺牲，誉为"四平名将"。遗体葬于齐齐哈尔烈士陵园内。9月18日被中共辽吉省委授予"辽吉功臣"称号。为永远纪念马仁兴将军，1948年3月13日，四平收复后，将四道街命名为"仁兴大路"；4月，在马仁兴战斗过的白城市修建了"仁兴体育场"和"马仁兴将军纪念碑"。纪念碑上镌刻着当时辽吉省委书记陶铸的题词："四平名将，辽吉功臣，建场纪念，无上光荣"。

王希天纪念碑

位于浙江温州市。1926年6月25日建。王希天（1896—

1923），原名王熙敬，吉林长春人。中华侨日共济会会长，著名爱国人士。1915年东渡日本留学。在日从事救国活动，先后成立了"留日学生救国团"、"共济会"等爱国组织，开展华工工作。1923年9月9日被日本反动当局逮捕，同月12日凌晨被秘密杀害。为纪念这位为华工救济事业而献身的志士，在他牺牲一周年时，吉林建立了希天医院；上海商务印书馆出版发行了《王希天小史》。1926年6月25日，温州工学界等为王希天建碑，碑上刻书："吉林义士王希天君纪念碑"，并刻写了碑文。

王德泰纪念碑

位于吉林省蒙江与抚松交界的小汤河南南山。王德泰（1908—1936），原籍山东。东北抗日联军第一路军副总司令兼东北抗联第二军军长。抗日名将、民族英雄。1936年11月中旬，他率部来到蒙江与抚松交界的小汤河一带活动。敌人派出日伪军600余人前来围剿。当时，我军这支部队只有200余人，敌强我弱力量悬殊，与敌人交火后，王德泰从容不迫，沉着应战。我军先以小汤河南山为防守阵地，并派出小分队迂回到敌人的侧后牵制敌人。但在敌两面夹击下，我军伤亡很大，已无力攻下南山正面阵地。正当敌人将要撤退之时，他不幸中弹，身负重伤，壮烈牺牲。抗战胜利后，地方政府和人民群众在他牺牲的地方建墓立碑，永示怀念。碑的正面刻着"抗日烈士第二军军长王德泰之墓"。

天津市抗震纪念碑

位于天津市南京路、成都道与河北路交汇的三角地带。1986年7月26日落成。

碑体由4片直角三角形的花岗岩拱立而成，从各个角度看都呈"人"字形，象征着在党的领导下人定胜天，前程似锦，同时寓意灾害发生后，四面八方的支援。在纪念碑的西、南、北三侧"人"字下面，分别有"悼念"、"智慧和力量","胜利"三座大型汉白玉雕塑。碑体四周镶嵌着表现天津市抗震业绩及胜利喜悦的汉白玉浮雕。镌刻着胡耀邦同志亲笔题字："抗震纪念碑"的白色大理石，镶嵌在"人"字形巨碑正面基座上。纪念碑总高19.76米，寓意1976年。

碑文记载着："公元一九七六年七月二十八日凌晨三时四十二分，河北省唐山发生七点八级大地震，强烈震波摇撼津门。十一月十五日二十一时五十三分，复发强烈余震，震中在天津市宁河县，震级六点九级，震中烈度八度。震灾肆虐，造成巨害，使四千一百二十二万平方米房屋严重损坏，两万四千二百九十六人惨遭不幸，上百万人民露宿街头，数十亿财产毁于瓦砾。天津人民在中国共产党的领导下，在各省、市、自治区和人民解放军的支援下。面对劫难，巍然屹立，以人定胜天的坚强信念，奋起投入抗灾斗争。在余震频仍之际，先人后己，抢救群众，舍生忘死，排除险情，迅速恢复生产，社会秩序井然。十年来，全市人民在中央关怀与支持下，备回天之力，消灭震痕；树再造之功，重建家园。幢幢楼厦，千姿百态，耸立海河两岸；片片园林，争奇斗艳，织锦于新宇之间。经济建设发展，人民生活提高，城乡面貌改观，一个文明、整洁、美丽之天津正展现面前。英雄业绩。惊天动地，众志成城，汗青炳著。渤海远，燕山长，救灾抗震，难忘往昔之艰辛；利国福民，端赖今后之努力。特立碑志念，用昭后昆。"

太行新闻烈士纪念碑

位于山西省左权县麻田村西山脚下。1986年5月28日落成。

纪念碑正面镌刻着杨尚昆同志的题词："太行新闻烈士永垂不朽"；碑的左侧面镌刻着陆定一同志的题词："一九四二年五月，华北新华日报社社长何云等四十多位同志壮烈牺牲。烈士们永垂不朽"。

在反击日本侵略者对太行抗日根据地的残酷"扫荡"中，华北新华日报社社长、总编兼新华社华北总分社社长何云等46

位同志，于1942年5月壮烈牺牲。为我国新闻史写下了悲壮的一页。

在抗日战争和解放战争时期，战斗在太行的广大新闻工作者，有57位同志先后献出了宝贵生命。

无名烈士纪念碑

位于吉林省长春飞机场正门东南0.5公里，迎宾路末段南侧。原碑矗立在飞机跑道的末端烈士墓前，为混凝土板结构。1982年因飞机场扩建，经长春市人民政府批准，移至现址。纪念碑为枪刺形，上窄下宽，共分两层。碑座高2米，长11.7米。宽7.54米；碑身高10米，宽3.72米，厚2.5米。碑身正面（东面）镌刻着"革命烈士永垂不朽"8个大字。碑后安葬着1948年中国人民解放军攻打飞机场和保卫飞机场而英勇牺牲的中国人民解放军四五五团二营指战员。1947年冬，国民党在东北的40余万人，分别龟缩在长春、沈阳、锦州三个孤立据点。我军遵照毛泽东主席先打锦州，切断敌人的咽喉，使东北守敌成为瓮中之鳖的指示，于1948年10月14日，向锦州发动进攻。长春守敌见势不妙，便企图从空中逃走，调动8000余兵力，10月16日凌晨4时，向我军机场阵地猛烈进攻，企图突围。我军前沿阵地硝烟滚滚，烈火熊熊，战士们高呼："人在阵地在！头可断，血可流，阵地一寸不能丢！"等口号，英勇奋战，一次又一次地粉碎了敌人的进攻，歼敌2000余人，俘敌一个连。这次战斗中，四五五团二营有97名指战员英勇地献出了宝贵生命。他们用生命和鲜血保卫了机场，迎来了长春的解放，人们为了永远缅怀烈士，建立了烈士纪念碑。

车桥战役纪念碑

位于江苏省淮安车桥镇。为纪念抗日战争时期车桥战役的胜利及在此役中牺牲的烈士而建。碑的正面有"革命烈士永垂不朽"8个大字。

车桥战役是抗日战争时期，新四军在江苏淮安东南车桥镇对日本侵略军进行了一次歼灭战。1944年3月5日，新四军第一师以一部兵力在地方武装配合下，强攻车桥镇日、伪军据点，经一昼夜激战，占领车桥镇；同时将自淮安、淮阴4次增援之日伪军大部歼灭于车桥镇以西芦家滩。这次战斗，歼灭日军460余人，其中俘中尉以下24人，歼伪军约500人，解放了淮安、宝应以东地区。

井冈山黄洋界保卫战纪念碑

位于江西省井冈山区西北部的黄洋界。黄洋界，在江西省井冈山区西北部，是第二次国内革命战争时期井冈山革命根据地五大哨口（黄洋界、八面山、砾砂冲、双马石、桐木岭）之一。地势险要，海拔1342米。1928年7月17日，湖南省委代表强行把红军大队调往湘南，因而招致湘南的失败。8月中旬，毛泽东率领部队去湘南接回红军大队。国民党湘军吴尚部一个师，乘红军主力未回之际，猛攻井冈山革命根据地。红军留守井冈山部队不足一个营，由团长宋云卿，团党代表何挺颖率领，在地方武装和革命群众的积极支援下，凭黄洋界天险抗击敌人。8月30日，与敌激战一昼夜，将敌击溃，保卫了井冈山革命根据地。1977年10月建立了"井冈山黄洋界保卫战纪念碑"。

纪念碑立于黄洋界山顶。一碑镌刻着朱德同志亲笔题写的"黄洋界"3个大字；另一碑镌刻着毛泽东同志1928年秋所作《西江月·井冈山》词一首："山下旌旗在望，山头鼓角相闻。敌军围困万千重，我自岿然不动。早已森严壁垒，更加众志成城。黄洋界上炮声隆，报道敌军宵遁。"

韦岗战斗胜利纪念碑

位于江苏省镇江市西南镇宁乡15公里处的路西高骊山上。

1985年9月1日落成。

　　1937年12月13日。南京失陷，江南大好河山沦于敌手。日寇到处烧杀、奸淫、掠夺、暴行累累，江南人民奋起抗敌，救亡图存。南方八省红军游击队组成新四军，开赴抗日前线。新四军军部遵照党中央指示，从第一、二、三支队所属的第一至第六团中各抽调一部分干部战士，组成以粟裕为司令员的先遣支队，于1938年5月19日进入苏南敌后，实施战略侦察。6月初，新四军第一支队在陈毅司令员率领下，进抵苏南。6月15日夜，先遣支队和第一支队第二团一部，由粟裕统一指挥，在南京、镇江之间的下蜀镇附近破坏铁路，使敌交通一度中断。17日凌晨2时，该部再接再厉，冒雨东进，8时许到达赣船山，高骊山口设伏。这时，日寇运输队的5辆汽车从镇江方面开来，进入我设伏阵地，粟裕立即率部向敌发起猛烈攻击。日寇仓惶下车，龟伏车底和草丛中顽抗。我指战员英勇杀敌，仅半个小时便将敌歼灭。毙敌土井少佐以下10余名。伤数十名，毁军车4辆，缴获枪支、军刀、军旗等大批物资及日钞7000余元，打了一个漂亮的歼灭战。韦岗之战是新四军挺进江南敌后抗击日寇的第一仗，威震江南、鼓我士气，振奋民心。为纪念这次战斗的胜利缅怀烈士而建此碑。纪念碑高 25 米，顶端是一把古铜色的老式步枪模型。碑体正面临摹着粟裕同志在病中委托郭沫若同志题写的碑名，底座四侧是再现当年战斗场面的大型浮雕。

井冈山会师纪念碑

位于江西宁冈县城龙江河畔会师桥头。1927 年 10 月，毛泽东率领秋收起义的部队向湖南、江西交界处进军。27 日到达罗霄山脉中段井冈山区，先后在宁冈、永新、茶陵、遂川等县恢复和建立了中国共产党的组织，团结改造地方武装，发展革命力量，打退了国民党军阀几次进攻，建立工农民主政府，领导农民进行土地革命，创立了井冈山革命根据地。1928 年初，共产党人朱德、陈毅等率领南昌起义保留下来的一部分部队到达湖南南部。在当地党组织的配合下，发动农民在旧历年关举行起义，起义军占领湖南宜章（又称"宜章起义"或"年关起义"），揭开了湘南起义的序幕，部队正式打出了"工农革命军第一师"的红旗。仅用一个月的时间，又发动了湖南南部郴州（今郴县）、永兴、资兴、耒阳等10余县群众举行起义（称"湘南起义"），声势浩大。国民党反动派大为恐慌，先后派兵7个师进行围攻。为了保存军力，避免在不利条件下同敌人决战，朱德、陈毅等率领部队撤出湘南，向井冈山地区转移，4月，到达井冈山地区宁冈砻市。同毛泽东领导的部队胜利会师，组成中国工农红军第四军。

此碑记载了这一历史史迹。

中华铁路工人纪念碑

坐落在加拿大卑诗省太平洋铁路起点耶鲁镇。1982年9月25日落成。横贯加拿大全境的太平洋铁路，全长4000多公里，于1880年动工兴建，1884年竣工。铁路工程十分艰巨，其中几千米长的隧道，数十座桥梁的架设，100多个涵洞的开凿，都由华工完成的。当时，直接参加修建这条铁路的华工达7000人，其中有600余名华工在修筑期间遇难。加拿大联邦政府为了纪念作出卓越贡献的华工，修建了这座纪念碑。纪念碑为铜铸。碑上用英法中三种文字铭刻碑文："19世纪80年代，承包商安得路翁得东自中国招来数以千计之华工，协助加拿大太平洋铁路公司兴建横越卑诗省华山之铁路，沿太平洋与先瑞利拉奇之间工段，每四个工人中，华人占三名，工作虽优异，但每日仅得一元，为白人薪给之半。又由于工程艰险，由于疾病与意外事件而死者甚众，铁路建成之后，定居于加拿大之华工，遂成为今日卑诗省华人团体社区之基石。"

中国妇女纪念碑

位于墨西哥普埃布拉市。相传很久以前，一位中国妇女来到墨西哥，带去了中国妇女的服装，受到墨西哥人的喜爱，后来成为当地最流行的服装之一。墨西哥人为缅怀这位中国妇女在该处修建了纪念碑。纪念碑由雕像、碑身和碑座三部分组成，雄伟壮观。

中国少年英雄纪念碑

坐落在北京市玉渊潭公园内。1990年5月30日落成。纪念碑为一个大型艺术体，不锈钢制成的主碑，造型为迎风飘动的红领巾，高15米，星星火炬高嵌其上。红色大理石基座上镌刻着"中国少年英雄纪念碑"9个大字，主碑两旁是一组昂首吹号的男女少先队员的雕塑，象征着新一代少先队员蓬勃向上的精神风貌。在主碑前方两侧，安放着四组不锈钢镂体空雕，分别代表着党领导下的少年儿童在大革命、抗日战争、解放战争和社会主义建设时期参加革命活动的典型形象。整个碑体雕塑群具有强烈的时代气息。

长白革命烈士纪念碑

位于吉林省长白朝鲜族自治县风景秀丽的塔山上。1988年9月14日建成。长白革命烈士纪念碑用1945块花岗岩雕砌而成，碑高1988厘米，分别寓意长白解放和建碑年代，用以缅怀在抗日战争、解放战争和支前作战中英勇献身的革命先烈，激励全县人民奋发建设边疆。该碑是长白朝鲜族自治县利用筹集和捐献的资金兴建的。

长春解放纪念碑

位于吉林省长春市南湖公园。1988年10月18日建成。彭真同志题写了"长春解放纪念碑"碑名。这座纪念碑高39.39米，碑基每边长19.48米，整个造型呈门形，象征着1948年获得解放，从此跨入了一个新的时代。碑身造型上部较宽，中间连接部窄小，形似两面旗帜，象征长春人民在中国共产党领导下，继承革命先烈遗志和革命战士的理想，前赴后继、奋勇前进。纪念碑整体结构简洁，集庄严、肃穆和时代特征于一身，具有较鲜明的特点。

长春解放纪念碑表现了长春解放这一历史事实和解放40年的光辉成就。1948年10月19日，长春这座几经沧桑，灾难深重的城市，在胜利的欢呼声中回到了人民的怀抱，获得了新生。长春的解放，是中国共产党领导人民，团结一切可以团结的爱国力量，同帝国主义、封建主义、官僚资本主义长期浴血奋战的一个胜利成果。在洒满烈士鲜血的土地上，帝国主义的铁蹄曾践踏过它，封建主义的桎梏长期束缚着它，国民党反动派的魔爪也曾蹂躏过它。为了它的解放，无数革命先烈和志士仁人前仆后继，进行了不屈不挠的英勇斗争，谱写了一曲曲气吞山河的壮歌；为了它的解放，1948年5月，中国人民解放军东北野战军在完成三下江南、四保临江等重大战役之后，挥师北上，对长春的守敌实行了长达5个多月的战略包围、经济封锁和政治攻势，使一部分国民党官兵弃暗投明，站到了人民一边，迫使一部分留敌缴械投降，从此翻开了长春历史上崭新的一页；为了它的解放，我们党的许多优秀儿女和许多爱国进步青年，默默地战斗在敌人心脏。同敌人展开殊死的斗争，为城市建筑和公用设施免遭战争的破坏，立下了历史的功勋。今日，长春已成为政治、文化和经济中心。为表达长春人民对革命先辈的无限崇敬，1989年1月，长春市第九届第一次人民代表大会决定建立纪念碑，以矢永远缅怀。它将成为激励长春人民在新的历史时期奋发进取，振兴长春的强大精神力量。把他们的革命精神一代一代传下去，使子孙后代了解昨天的长春，珍惜今天的长春，建设明天的长春。

乌苏镇哨所纪念碑

位于黑龙江省抚远县乌苏镇哨所。1985年8月2日经黑龙江省政府批准并拨款10万元修建。乌苏镇位于黑龙江与乌苏里江汇合处的小岛上，东临大江，西临小河，是抚远县所辖一个边陲小镇。这里又是我国最早看到日出的地方，因此，被人们称为"东方第一镇"。当黎明朝霞在这里升起的时候，内地各处天还未破晓，而地处中国极西端的新疆喀什正值午夜。中国人民解放军边防部队在此设哨所，常年坚守着祖国的边防和祖国的安全。纪念碑上镌刻着胡耀邦同志题写的"英雄的东方第一哨"8个大字。

六连岭烈士纪念碑

位于海南省万宁县。六连岭在海南五指山的东北面。海南人民从1927年起，就在中国共产党的领导下，在六连岭上竖起红旗进行革命斗争，建立了我党我军的根据地。1938年12月，红军游击队在琼山县编成广东琼崖人民抗日自卫独立纵队。1939年2月，日寇侵入海南岛，国民党军队望风逃跑。抗战7年中，琼崖独立纵队与日寇作战2089次，与伪军作战140次。抗战胜利后，又抗击反动派的进攻，屡创蒋军，配合中国人民解放军解放海南岛。为纪念在历次斗争中英勇牺牲的革命烈士而在六连岭建碑。碑上刻有朱德同志1957年1月讴歌海南人民坚持23年红旗不倒的题词手迹："六连岭上彩云生，竖起红旗革命军。二十余年游击战，海南群众庆翻身。"

双堆集烈士纪念碑

坐落在安徽濉溪双堆集。1988年11月17日落成。

1948年11月18日至12月15日，淮海战役双堆集歼灭战在这里激烈进行。在仅28天时间里，英雄的人民解放军在此一举歼灭国民党精锐部队黄维兵团4个军、1个快速纵队，共计11万余人。刘伯承元帅称此战为整个淮海战役"承先启后的关键"。为了赢得这次战斗的胜利，我万余名将士壮烈捐躯。

纪念碑建在当时敌我双方争夺的制高点上（海拔仅44.5米），我军许多优秀的指战员在这里被罪恶的子弹夺去了生命。花岗岩石砌成的纪念碑高26米，正面镌刻邓小平同志1980年

5月20日题写的"淮海战役烈士永垂不朽"10个大字。

东北解放纪念碑

坐落在辽宁省沈阳市和平广场中心。为纪念东北解放40周年，由沈阳军区、辽宁省人民政府、吉林省人民政府、黑龙江省人民政府、沈阳市人民政府共同敬建，于1988年11月2日落成。纪念碑由碑体、拱带、碑座三部分组成。碑体高26.56米，为圆顶正三面体，三面均宽4.2米，以汉白玉饰面，周围镶嵌金黄的"仿金镀"。每面都镌刻着彭真同志题写的"东北解放纪念碑"7个大字。碑体呈炮弹形，寓意着战争已成为历史，胜利赢来了和平。在碑座上建有拱带，3根拱状带子高36米，宛若3条挥动的彩绸，自上而下围绕碑体，象征东北三省人民载歌载舞，欢庆解放的胜利情景。碑座为圆形，高1.56米，直径34米。外围砌筑三组将军红汉白玉浮雕。浮雕上3个相连的"V"字，状如流水，又似高山，代表胜利及有"白山墨水"之称的东北三省。"V"字的周围，镶嵌着40只展翅飞翔的和平鸽，即象征着古城解放，获得新生，又含有东北解放40周年纪念的意义。纪念碑的四周环绕着草坪、鲜花、松柏。高大雄伟的碑体庄重肃穆，相互映衬，体现出解放战争中我军将士和英烈的功绩永存。在东北解放战争中，我军将士不畏艰险，不怕牺牲，前赴后继，英勇奋战，为中国人民的解放事业建立了卓越功勋，各级党政干部和广大人民群众积极参战支前，做出了巨大贡献。为东北解放战争胜利而牺牲的烈士永垂不朽！

龙源口大捷纪念碑

位于江西永新县七溪岭下龙源口桥对面。龙源口大捷是第二次国内革命战争时期，中国工农红军第四军在江西宁冈东北七溪岭、龙源口地区粉碎国民党军进攻的一次战斗。1928年6月23日，江西国民党军5个团，由永新分南北两路沿新七溪岭和老七溪岭向井冈山革命根据地进攻。红军第四军以第二十九团和第三十一团一个营先敌占领新七溪岭制高点，打退南路敌人的连续冲击；以主力第二十八团夺取老七溪岭，经激战，攻占老七溪岭制高点，将北路进攻之敌两个团击溃，乘胜追击，歼其一部，并迂回攻击敌侧后，插到龙源口。截断南路敌人退路。新七溪岭的红军适时出击，敌全线溃退。两路红军在龙源口地区又歼敌一个多团，彻底粉碎了敌人的进攻。这一胜利，使井冈山革命根据地得到了很大的发展。纪念碑为在龙源口大捷中为国捐躯的革命烈士而建。朱德为纪念碑题字。

平北抗战烈士纪念碑

位于北京市著名风景区龙庆峡。1989年落成。

这是为纪念平北抗日革命根据地成千上万名死难烈士的光辉业绩而修建的。聂荣臻题写了碑名，彭真为纪念碑题词。平北根据地创建于1940年初，这里的军民与日本侵略者进行了艰苦卓绝的斗争。

平顶山殉难同胞纪念碑

位于辽宁抚顺市区南部平顶山上。1951年抚顺人民为纪念1932年9月16日日军制造"平顶山惨案"而殉难的3000余名同胞修建的。平顶山村原是抚顺市区附近一个繁华的村镇，有400多户，3000余人。1932年中秋深夜，我一支辽东民众抗日自卫军路过此地，被侵华驻守在抚顺的日本守备队和宪兵队得知，翌日，竟以所谓"通匪"为由，将平顶山村团团围住，进行惨绝人寰的大屠杀，还烧毁了全村800多间房屋。事后，他们妄图逃避中外舆论的谴责，又崩山掩尸灭迹。1972年于惨案现场遗址，仅在长80米，宽5米的地下，就清理出遗骸800多具。现在惨案现场遗址建"平顶山殉难同胞遗骨馆"一座，馆内展现了其中一部分遗骨。

石家庄解放纪念碑

位于河北省石家庄市中山东路火车站附近。为纪念石家庄解放40周年而建，于1987年11月12日落成。纪念碑由3部分组成：题词碑、解放军战士骑马雕塑、主碑。主碑总高33米，采用现代主体结构的抽象手法，中央7块板柱，其中5块形似枪杆刺刀，拔地而起，直刺天空。解放军战士骑马雕塑位于主碑和题词碑中间，铜铸解放军战士，右手高举步枪，左手紧握缰绳骑在奔马上，似冲杀在解放石家庄的战场上，又似在欢呼庆祝解放石家庄战斗的胜利。

北大革命英烈纪念碑

位于北京市北京大学校园内。北京大学的革命先辈曾为马克思主义在中国的传播和中国共产党的创建作出了重要贡献。

很多在北大工作和学习过的志士仁人为了新中国的诞生和中华民族的解放，前仆后继，浴血奋斗，其中有70多位中华民族的优秀儿女，在28年中国新民主主义革命征程中英勇献身，用鲜血和生命谱写了一曲曲可歌可泣的壮丽乐章。他们浩气凛然，英名永存，惊天伟绩，永垂青史。他们是北京大学的光荣，是中华民族的骄傲，是每一个共产党员和革命者学习的楷模。为了永远纪念革命先烈，激励一代又一代北京大学共产党人和革命师生继承先烈遗愿，中共北京大学党委，于中国共产党成立70周年之际做出决定，在北京大学校园建立革命英烈纪念碑。

西安烈士纪念碑

位于吉林省长春市西安广场西北角，宽城区园林管理所绿化地的纵深处的烈士墓群前。1987年，宽城区团委在区委领导下，在继承烈士遗志，振兴宽城区，开展"学史建碑"活动中，发动全区广大团员青年、少先队员及各界捐资28000多元，建起这座纪念碑，以永远缅怀被国民党警备司令部军警联合督察处杀害的烈士。纪念碑分碑座和碑体两部分。碑座高0.7米，长7米，宽7米；碑身高9米，长1.75米，宽1.4米。碑体上窄下宽，碑正面顶端镶有一颗闪闪发光的红五星，并镌刻着由吉林省顾问委员会主任王大任同志题词，著名书法家姚俊卿书写的"革命烈士永垂不朽"8个大字。碑的正下方镶有一块白色大理石，上刻碑文。在碑背面的白色大理石上，锈刻着14个集资捐款的单位名称。

西南联大纪念碑

位于云南昆明市北门外昆明师范学院东北隅"一二·一运动"四烈士墓右侧。碑高2.87米，宽0.88米。碑额"国立西南联合大学纪念碑"，为中国文学系教授闻一多篆刻，碑文为文学院院长冯友兰所撰，由中国文学系主任罗庸书丹。碑文详载日本帝国主义自清光绪甲午以来，特别是1937年七七卢沟桥事变后大举入侵，国立北京大学、清华大学和私立南开大学，迫于形势，南迁至昆明，合组为国立西南联合大学，设有理、工、文、法、商、师范等学院的历史。1946年5月4日，学校奉命回迁。联大在昆明期间先后毕业学生2000余人，投笔从戎参加抗击侵略者800余人。对云南的文教事业和革命运动，都起过较大作用。碑前墓地门外，尚存西南联大当年平房教室一间。

"百团大战"纪念碑

位于山西省阳泉市。1987年7月落成。

纪念碑矗立在阳泉境内的狮脑山巅，由主碑、副碑、题字碑和一尊大型雕像组成。主碑呈三棱椎体，高40米。全部选用乳白色大理石建造。碑上镌刻着彭真的题词："战绩辉煌，永垂史册"；徐向前的题词："参加'百团大战'的烈士们永垂不朽"；薄一波的题词："'百团大战'，抗日战争中最光辉的一页，必将载诸史册，永放光芒"。副碑上镶嵌着巨大的铜浮雕，生动地再现了"百团大战"中军民"出击"、"破路"、"攻坚"、"支前"、"转移"、"胜利"等战斗场景。"百团大战"是抗日战争中我军参战兵力最多、规模最大、时间最长，在华北广大人民群众的支援和配合下。取得战果最丰富的一次战役。1940年8月20日至12月5日，在朱德、彭德怀的统一指挥下，华北的八路军集中115个团，40万人的兵力，在2500公里长的敌后战线上同时出击，和日军崖战前后共三个多月。在整个战斗中我军共进行了大小战斗1824次，毙伤、俘虏日军、伪军共44000余人。这次战役给日本侵略军以沉重的打击，打破了敌军的"囚笼政策"，极大地振奋了人心，在国际上也产生了巨大的影响。纪念碑记载着这一民族解放斗争光辉史实。

狮脑山为封锁阳泉的制高点。是"百团大战"开始的重要战场之一。

华人纪念碑

位于加拿大多伦多市政厅广场。为纪念华人社区在加拿大成立125周年，以及表扬华人先辈以及后来者对多伦多所做的贡献而建。1983年12月10日落成。多伦多是加拿大的第二大城市，它的发展与华人的成就息息相关。许多华工在太平洋铁路通车以后，大部分没有工作，于是结伴东移，来到多伦多，他们根据自己的智慧，在多伦多开设饭店，兴办工厂作坊，建立唐人街，将中国的传统烹调技术和刺绣等工艺毫无保留地介绍给加拿大人民，使得唐人街成为多伦多最繁华的地区之一，为多伦多经济发展做出了巨大贡献。为了纪念华人的成就，多伦多市政府决定建碑，以示表彰。碑身上有用中英两种文镌刻的碑文："一八七八年陈三乃第一名设店于雅达利之华人，开华人聚居于多市之先河，但当华工助建越州太平洋铁路后，很多华人东移，于一九一〇年聚居于伊丽莎白街一带之华人约一千名，此后七十年来，华埠的发展十分迅速，八十年代后，位于大都市的华裔有十万多名，并于各行业均有优良的表现。"

华工纪念碑

位于上海市广元路、衡山路口的街道绿地中。为纪念百余年前在建设横贯美国东西海岸铁路中做出贡献的中国华工而建。纪念碑高5米，由3000枚铁轨道钉组成，造型象雪松，高雅别致，朴实无华，激昂向上，催人奋进。

安溪革命烈士纪念碑

位于福建安溪县城凤冠山山腰。建于1958年5月。碑高7米，三层方形底座，宫式碑顶，用白花岗岩精雕砌成，周围环绕白石栏杆。正面镌刻"革命烈士纪念碑"7个大字，左侧镌朱德题词："革命烈士永垂不朽"，右侧刻邓子恢题词："英名不朽浩气长存"，背面刻写碑文，记述中国工农红军闽南游击队第二支队陈鸿伍等12位烈士的英雄业绩。

江东门遇难同胞纪念碑

位于江苏省南京市江东门。碑文记载着：1937年12月16日，日军将已被解除武装之中国士兵和平民万余人。囚禁于原陆军监狱院内，傍晚押至江东门，放火焚烧民房照明，用轻重机枪向人群猛烈扫射，受害者众声哀号，相继倒于血泊之中。后南京慈善团体收尸万余具，掩埋于附近之两犬坑内，故称"万人坑"。爰立此碑，藉志其哀，悼念死者，兼勉后人，热爱祖国，奋发图强，反对侵略战争，维护世界和平。

另在南京市侵华日军南京大屠杀纪念馆院内亦有一碑。

孙凤鸣纪念碑

位于江苏省铜山县黄集乡小合子村。为纪念在1935年11

月1日震惊中外的"刺杀汪精卫案件"中的刺汪英雄孙凤鸣而建，于1988年7月7日落成。纪念碑正面镌刻着："抗日爱国志士孙凤鸣纪念碑"12个大字。

孙文龙纪念碑

位于山西省。1990年8月落成。孙文龙同志，1966年初组织调他到阳城县担任领导职务。1977年5月选派到武乡县任中共武乡县委书记。1980年10月，原晋东南地委调其到屯留县担任中共屯留县委书记。在其工作期间，他向三个县的80多万人民成功地宣传了栽桑养蚕，为三个县60多个乡镇上千个行政村，播下了栽桑养蚕的种子。他在阳城任职期间，身体力行，带头示范，使全县80%的地埂实现了桑树化，成为华北地区第一个年生蚕茧过万担的县。在武乡县工作期间，他开栽桑养蚕之禁，移花接木，推广阳城的经验，使全县蚕茧年产量由200多公斤猛增到8万多公斤。在屯留，他用典型引路，带领全县人民栽桑养蚕，使屯留蚕茧产量由几百公斤发展到9万多公斤。他毕生为桑蚕事业奔走呼号，呕心沥血，鞠躬尽瘁。1982年逝世。为褒扬死者，激励后人，山西省桑蚕学会决定：追认孙文龙为山西省蚕学会理事，并采取群众集资的办法，为其树碑。

纪念碑为银灰色的石碑，正面镌刻着："孙文龙同志纪念碑"8个大字。背面镌刻着830字的记载死者生前事迹的碑文。纪念碑安置在古色古香的纪念亭中。

孙玉清烈士纪念碑

位于烈士当年殉难地青海西宁市新华布鞋厂院内。纪念碑由一尊安放在朱红色基座上的白色大理石半身雕像和一块刻有孙玉清烈士生平事迹的石碑组成。徐向前同志为纪念碑题写了碑名。1988年8月16日落成。

孙思邈医德纪念碑

位于陕西省耀县药王庙内，为纪念唐代著名医药学家孙思邈而建。1989年7月8日落成。孙思邈（581—682），京兆华原（今陕西耀县）人。少时曾因病学医，在隋唐两代都拒不做官，毕生研究医药学，并精通经史百家学术和佛典。他深入研究唐代以前的医学理论，总结自己长期的治病经验，整理各家方、药、针、灸著作，撰成《备急千金要方》和《千金翼方》各30卷。他首次提出妇女、小儿单独分科，又倡立脏病、腑病分类。并且十分重视医德修养，认为医生为病人治病必须具有不求名利，不辞劳苦的精神，被后世尊为"药王"。

纪念碑共11通。除一通是孙思邈的刻像外，其余镌刻着这位唐代医圣的一些医学著作和后人撰写的《评赞孙真人医德文》《唐代医学科学家孙思邈医德序文》等。自此，这座千年古刹有了颂扬孙恩邈医德的传世之作。

红八军纪念碑

位于广西壮族自治区龙州市。1930年2月1日。中国共产党人邓小平、李明瑞、俞作豫领导驻在左江的广西警备第五大队在龙州新填地广场举行武装起义，占领左江区域的龙州、宁明、靖西等10余县，成立中国工农红军第八军和左江工农民主政府。俞作豫任军长，邓小平兼政委。后因强敌进攻，退到右江地区和红七军会合。新中国成立后建碑。邓小平同志为红八军纪念碑亲笔题词："革命胜利的果实，是烈士们的鲜血凝成的。红八军和人民革命先烈的丰功伟绩，永远活在我们的记忆里。"

红二、六军团会师纪念碑

位于贵州印江县木黄左侧的将军山腰，前临横河。1934年

5月，贺龙、关向应率领中国工农红军第三军由四川彭水西渡乌江，迅速攻占沿河、德江、印江、松桃、酉阳、秀山等六县的广大毗连地域，建立黔东特区政府和百余个乡苏维埃。同年8月，任弼时、王震、肖克率领中国工农红军第六军团，作为中央红军长征的先遣队，从江西永新突围经湖南进入贵州，于10月下旬到达印江木黄、松桃石梁一带与贺部胜利会师（红三军则恢复二军区番号）。尔后挺进湘西，开辟了以永顺为中心的湘鄂川黔边革命根据地。有力地配合了中央红军的长征。1976年中共印江县委决定在木黄建立纪念碑，1978年6月落成，碑呈现方形上小下大，高14.2米，设有护栏和台阶，占地面积720平方米。碑身正面镌刻王震题写的："中国工农红军第二、第六军团木黄会师纪念碑"大字楷书。碑座嵌会师简介。

红军渡河纪念碑

位于四川雅安石棉县城西北12公里处的安顺场。

1935年5月下旬，红一方面军急速地向安顺场挺进。安顺场濒临大渡河南岸，两岸山高坡陡，河谷陡峻，是一个极为险要的渡口。当年太平天国翼王石达开，曾率兵到此，进退维谷，最后全军覆没，成为可叹的历史悲剧。当时敌军驻兵北岸，将南岸船只、粮食掳掠一空。封锁了大渡河，妄图陷红军于绝境，使之重蹈石达开的覆辙。5月24日晚，刘伯承将军等率领红军先遣部队到达了安顺场东南约4公里的马鞍山，并命令杨得志团连夜偷袭安顺场，夺船渡河。在夜幕掩护下，一营出其不意，以迅雷不及掩耳之势，消灭了安顺场敌军并俘获了一只小船。5月25日上午9时，在杨得志团长的指挥下，嘹亮的军号声响彻山谷。一支精悍的十八勇士组成的奋勇队。冒着敌人的枪林弹雨，由船工摆渡，在全团火力掩护下，迅速夺取了北岸渡口，缴获了一只小船。红一师经过七昼夜，全部渡过了大渡河。强渡大渡河的胜利，在红军长征史上，留下了光辉的一页。

　　在安顺场渡口修建的红军渡河纪念碑，它造型独特、构思新奇。全碑用粉红色花岗石建成。远看像一座强大的堡垒，近看是一位头带红五星帽的红军战士头像。雕像双眉紧锁，嘴唇紧闭，两眼目光炯炯地凝视前方。反映出红军战士的博大胸怀。整个纪念碑古朴，凝重，端庄，肃穆，令人遐思翩然。

红军长征纪念碑园

位于四川省北部松潘县巍峨挺拔的元宝山上。1988年6月12日奠基修建。1990年8月25日建成。

松潘是红军一、二、四3个方面军长征时走过的地方，红军过草地的始发地。著名的"毛儿盖会议"在这里召开。在这个具有历史意义的地方建碑，是1985年6月中共中央和中央军委决定的。杨尚昆同志在纪念碑选址会议上要求"纪念碑要建成立体雕塑，塑像要富有悲壮气势，表现出长征路上红军战士前赴后继，英勇向前，历尽艰险，流血牺牲，付出极大代价的主题。"

碑园面积200余亩，依山随势修建，背倚雪山，面对草原，山环水绕，远观近赏都显得格外宏伟壮观。邓小平同志为碑园题写了园名："红军长征纪念碑碑园"。江泽民、杨尚昆、李鹏、李先念、邓颖超、徐向前、聂荣臻、王震、刘华清、肖克也分别题了词。

红军长征纪念碑由主碑和大型群雕等组成。元宝山巅的"团结胜利"主碑总高41.3米，采用色彩鲜明，抗腐蚀性强的亚金铜贴面，光彩夺目，在我国采用仿金材料修建高大的纪念碑，当是首创，堪称"中华第一金碑"。碑顶立一尊高14米的红军战士铜像，双手高举成"V"字形，一手持步枪，一手持花束，象征团结胜利。碑座用汉白玉镶成"山"字形。底座为绿色大理石，寓意雪山草地竖丰碑，碑园中心台地的大型群雕《艰苦历程》，由1440块红色花岗石精雕细刻组合而成，长72米，宽8米，最高点12.5米。是当前我国规模最大的现代群雕。

碑园设有8景：金碑夕照、英雄群雕、黎明火种、翠湖红柳、断壁浮雕、三军铜像、金秋兰亭、火炬碑文等。把雪山草地的自然风光，现代雕塑和建筑艺术有机地融为一个艺术整体。红军长征即二万五千里长征，是第二次国内革命战争时期，中国工农红军主力从长江南北各根据地向陕北革命根据地进行的战略转移。自1934年10月至1935年10月，历时一年，行程二万五千余里，粉碎了国民党的围追堵截，胜利完成了伟大的战略转移。长征的胜利，具有伟大的历史意义。它粉碎了国民党反动派扼杀中国革命的企图，使中国革命转危为安。开创了中国革命的新局面。

红军飞夺泸定桥纪念碑

位于四川省泸定县大渡河畔。1986年10月18日落成。红军飞夺泸定桥是中国工农红军第一方面军在长征途中的一次战斗。1935年5月上旬，第一方面军渡过金沙江后，以每日80至90公里的速度向大渡河前进。蒋介石急忙派兵渡金沙江向北急追，同时调集军队增强大渡河防御，企图凭借天险，歼灭红军于大渡河南岸地区。大渡河水深流急，两岸高山峻岭，地势十分险要。红军在敌人新的部署尚未就绪之前，不顾疲劳，急速前进。第一师于5月24日晚突然袭占安顺场渡口，歼敌1个营，夺获小船1只，随即组织强渡。25日上午，由17名勇士组成的突击队。冒着敌人密集火力，奋勇渡过大渡河，击溃敌人1个营，占领了北岸渡口。以后，为了使主力迅速渡过大渡河，粉碎敌人夹击企图，红军以第二师沿西岸（自安顺场起，大渡河上游为南北向）北进，抢夺上游的泸定桥；第一师主力继续渡河，沿东岸北进，配合第二师的行动。两路冒雨前进，翻山越岭，隔河互相支援，冲破敌人据险扼守的数道隘口，奔向泸定桥。第二师于29日晨急行军到达泸定桥西头。当日下午，乘敌还来不及彻底破坏泸定桥时，立即组织夺桥战斗。由22名勇士组成的突击队，冒着敌人密集火力，攀援铁索，冲过大渡河，夺取了泸定桥。后续部队迅即渡河攻占泸定城，歼灭守敌1个团，与第一师一部胜利会师。在中国革命史上谱写了光辉的一页。夺桥胜利当晚，刘伯承总参谋长和聂荣臻政委，以及红四团的领导同志来到泸定桥头，当时刘伯承同志感慨万千地说："应该在这里树一块碑，记下我们战士的不朽功勋。"纪念碑的落成实现了革命老前辈的这一夙愿。这座纪念碑采用以铁索桥上环环相扣的粗大铁链为碑体的独特造型。碑体高 30.25 米，碑正面镌刻着邓小平同志手书"红军飞夺泸定桥纪念碑" 10 个金色大字。左右两侧，镶嵌着聂荣臻同志题写的碑文。碑体内分 8 层，每层装饰有大型壁画。碑下面有一个地下展厅，展出了有关红军长征的史迹。碑前耸立着两尊红军战士铜像。这座纪念碑由四川美术学院雕塑家龙太成总体设计制作的。

红旗渠纪念碑

位于河南省林县。1991 年 4 月落成。红旗渠是河南省林县的灌溉工程。从山西省平顺县侯壁断下引漳河水 25 立方米/秒入林县，在太行山中盘山开渠，穿岭跨谷，包括总干渠、干渠以及支渠配套工程。渠道总长 2000 公里，劈开山头 1250 座，凿通隧洞 180 个（31 公里）。共挖砌土石方 2500 多万方。沿渠还修建了中小型水库338座，提灌站250多处及水电站52座。1960年开工，1969年初步建成，使全县形成了引、蓄、提结合的水利网，灌溉面积60万亩，解决了人畜吃水的困难，并提供了工农业用电，产生了很大的经济效益和社会效益。

劳山战役纪念碑

位于陕西省延安劳山。为纪念劳山战役胜利50周年而建，于1985年7月落成。劳山战役是第二次国内革命战争时期中国工农红军第十五军团粉碎国民党政府军队对陕甘革命根据地第三次"围剿"中的一次战役。1935年9月，国民党政府军队以3个师的兵力进攻陕甘根据地。红十五军团在陕北人民配合下，采用围城打援战术，在延安、甘泉之间的劳山地区设下伏兵，于10月1日向进入伏击圈的国民党政府军第一一〇师发起猛攻，歼灭该师两个团和师直属队余部，继又挥师南下。25日，攻克甘泉以南榆林桥，歼灭国民党政府军第一〇七师4

个营，进一步巩固和扩大了陕甘革命根据地。这座纪念碑由延安地区文物管理部门负责建造，通高2.4米，具有民族风格，庄重大方，碑面镌刻着战役经过简介。

苏中七战七捷纪念碑

位于江苏省海安县城南。1986年10月6日奠基。为纪念苏中七战七捷40周年而建。

1946年7月，国民党军5个整编师共15个旅约12万人，由南通至泰州一线向苏中解放区大举进犯。华中人民解放军18个团3万余人，在解放区人民有力支援下，以大踏步前进，大踏步后退，集中优势兵力，各个歼灭敌人的战法，从7月13日至8月27日，在泰兴、如皋、海安、邵伯一带，连续作战七次，均获胜利。7月13日至16日向泰兴宣家堡之敌进攻。歼敌第十九旅3千余人，收复了宣家堡。7月17日至23日，以一部兵力坚守如皋，吸敌于坚城之下，主力突然出击，歼敌

第四十九师师部及一个半旅万余人，随即放弃如皋。7月30日至8月3日。在海安进行防御战，歼敌3000余人。8月10日至11日乘李堡敌人换防之际。对其发起攻击，经一昼夜激战，歼敌一个半旅8千余人。8月21日至23日乘敌分散兵力"清剿"时，突然南下对其后方的丁堰、林梓等处发起攻击，歼敌交通警察部队等部5千人。8月25日至27日，突然西进，进迫如皋，在如皋、黄桥之间，歼灭了由黄桥增援如皋及由如皋外出接应掇兵之敌两个半旅，共1.7万余人。8月23日至26日，进行邵伯保卫战，坚守3天，杀伤敌人两千余，挫败了敌人的进攻。在一个半月中，连续七次战斗，歼敌6个旅及5个大队，共5万余人。这一伟大的胜利。顿挫了敌军的进攻锐气。坚定了华中军民的胜利信心，并为解放战争的节节胜利，提供了宝贵经验，它是中国人民解放战争史上的光辉篇章。苏中七战七捷纪念碑是根据南京工学院齐康教授的构思，由南通市建筑设计院设计的。

苏联红军纪念碑

位于哈尔滨市南岗区博物馆前广场。于1950年9月20日建立。

纪念碑由碑座、碑身和碑顶结合而成。碑身的正面刻有俄文碑文:"为了苏维埃社会主义共和国联盟和独立,在战争中牺牲的英雄们永垂不朽!"中文碑文:"为中国的自由与独立,在解放东北作战中牺牲的苏联英雄们永垂不朽!"碑的中下部南北两侧各有一幅苏军作战的浮雕。碑顶由两位苏陆海军战士高举苏联国徽。纪念塔造型优美、庄严肃穆。

苏联于1945年5月8日战胜法西斯德国后,于同年8月8日对日宣战。9日凌晨,由西、北、东三个方向侵占我国东北的日本关东军发动大规模全线进攻,配合中国军民的抗日战争。1945年8月15日,日本宣布无条件的投降,取得了抗日战争的伟大胜利。为纪念在反对日本法西斯战争中牺牲的苏联红军烈士而建此碑。此外，在黑龙江省牡丹江市火车站广场、牡丹江市北山公园、牡丹江市铁岭河南山、绥芬河市火车站东侧、鹤岗市煤海公园、绥滨县第五中学、富锦市区内松花江边、克山县克山镇西门外、汤原县莲江口镇、同江市西南郊、汤原县鹤立镇等地均建有苏联红军纪念碑。

苏联红军阵亡将士纪念碑

坐落在辽宁沈阳市火车南站站前广场，坐西朝东，亦称之为"南站塔"。为纪念1945年8月，在反对日本法西斯解放沈阳战争中牺牲的苏联红军坦克部队烈士，由苏军统帅部所建。1947年9月17日动工，同年11月7日落成，11月14日移交沈阳市政府。纪念碑为钢筋混凝土构造，花岗岩石嵌面，坐西朝东，由台基、碑座、碑身、碑顶4部分组成。碑高25米，地基边长11.2米和13米，基下筑有墓穴，宽0.8米，长8.5米，深2米。基座用二层条石砌筑，高50厘米，正方形，上有 14 个形柱。碑座高 1.38 米，正面刻有"反对日本帝国主义战争中红军阵亡将士纪念碑，1945 年伟大的社会主义革命 28 周年揭幕，苏军司令部敬立"字样。碑身高近 19 米。东面上部嵌有铜铸镰刀斧头五角星，中部有铜铸苏联国徽，下方为铸铜"光荣属于伟大的苏军"俄语碑文。碑身下部北面有铜铸像及坦克两辆，后一坦克车尾部有 4 名苏联红军持枪，分别卧、坐、站立。两面嵌有俄文烈士名录。碑顶是一辆重 13 吨。高 4.5 米的铜铸绿色坦克模型。1963 年 9 月 30 日被列为省级重点文物保护单位。1985 年由沈阳市民政部门负责管理。

抗战胜利纪念碑

位于黑龙江省牡丹江市人民公园。1946 年 8 月 15 落成。1931 年九一八事变后，日本帝国主义发动了大规模的侵华战争，并将东三省变成了其殖民地。中国共产党领导全国军民在以国共合作为基础的抗日民族统一战线旗帜下抗击日本帝国主义的侵略。在东北领导或协助一部分抗日爱国军队组成抗日义勇军和抗日联军，进行游击战争，打击日本侵略者。

1945年8月8日，苏联对日宣战，9日凌晨，由西、北、东三个方向向侵占我国东北的日军发动全线进攻。苏军第三十五集团军8月11日进攻到勃利地区的佳木斯——图们铁路线，从而确保方面军主力集团的右翼，切断了在远东第二方面军之前向南退却的日本独立第四军同牡丹江集团的联系。当时荣膺红旗勋章的第一集团军和第五集团军为解放铁路和公路的大枢纽，重要的行政和政治中心牡丹江进行激烈战斗，8月16日终被攻克。在这次战斗中，日本关东军死伤4万余人。1945年8月15日，日本宣布无条件投降，中国人民取得了抗日战争的伟大胜利。为纪念这一伟大胜利一周年而建该碑于此。

抗洪抢险胜利纪念碑

位于吉林省蛟河市。1991年7月22日奠基。1989年7月

22日，蛟河市暴发了1909年以来的特大洪灾，中国人民解放军驻蛟河部队数千名官兵积极投入抗洪抢险，用鲜血和生命保卫了人民生命财产安全，王延祥少校等7名官兵光荣献身。为了纪念解放军的光辉业绩，中共蛟河市委、市政府决定修建"抗洪抢险胜利纪念碑"，以示纪念。

抗联战士纪念碑

位于辽宁省桓仁县镇郊北山上，三面为浑江环绕，面对桓仁县城。是桓仁县人民为纪念在抗日战争时期牺牲的抗联战士而建。抗联是东北抗日联军的简称。它是中国共产党领导的东北地区抗日武装。1931年九一八事变后，中国共产党号召人民武装抗日，东北各地纷纷组织抗日武装。其中接受中国共产党领导的部分抗日义勇军，在东北人民支持下艰苦斗争，队伍日益壮大。1933年后中共满洲省委同各种反日部队建立统一战线，成立了东北人民革命军、抗日同盟军、反日联合军等。

1936年2月统一改编为东北抗日联军，组成11个军，在极其困难的条件下始终坚持斗争，直至抗日战争胜利。为缅怀东北抗日联军的光辉业绩，褒扬烈士，建碑永示。碑高7米，上刻"抗联烈士永垂不朽"7个红色大字。碑四周植以常青苍松，庄严肃穆。

杨根思烈士碑

位于江苏省泰兴县杨根思烈士陵园。为纪念中国人民志愿军特级战斗英雄杨根思而建。杨根思（1922—1950），江苏泰兴人。1944年参加新四军。1945年加入中国共产党。历任班、排、连长。历次作战英勇顽强，曾荣获战斗模范、爆破大王、华东三级和一级人民英雄称号。1950年9月出席全国战斗英雄代表会议，10月参加中国人民志愿军。11月29日，在朝鲜咸镜南道长津郡下碣隅里围歼敌人的战斗中，率一个排坚守小高岭阵地，击退敌数次反扑，战至剩其一人，便抱起炸药包，冲入敌群，炸死大量敌人，壮烈牺牲。中国人民志愿军领导机关为他追记特等功，授予"中国人民志愿军特级英雄"称号。还荣获"朝鲜民主主义人民共和国英雄"称号及金星奖章，一级国旗勋章。生前所在的连被命名为"杨根思连"。为永远纪念这位英雄，彰示后人，特在其故乡建碑。纪念碑阴刻陈毅同志的题字"杨根思烈士碑"6个大字。

杨靖宇纪念碑

位于辽宁省本溪县草河掌乡胡家堡子。是杨靖宇将军的纪念建筑。

抗日民族英雄杨靖宇，1936年5月中旬率军直部队来到本溪县草河掌乡胡家堡子村，汤河沟露天温泉沐浴征尘后，就地主持召开了第一次西征会议。

中共本溪县委、县政府为缅怀杨靖宇先烈的光辉业绩，在会议遗址修建了一座纪念碑，并在杨靖宇当年坐过的地方镶嵌上"靖宇石"3个铜字。

双阳县革命烈士纪念碑

坐落在吉林省双阳县双阳镇北山南麓山腰处。为纪念1947年在解放双阳战斗中牺牲的东北民主联军30名指战员而建。1964年10月1日落成，碑通高6米，砂石基础，砖砌碑座碑身，水刷石挂面。碑身正面楷书"革命烈士纪念碑"7个大字，背面楷书"永垂不朽"4个大字。在两侧上部，浮雕兽头环各1座。占地面积400平方米。

纪念碑庄严肃穆，环以苍松翠柏，使人望之肃然起敬。

何挺颖烈士纪念碑

坐落在陕西南郑。1987年落成。何挺颖（1905—1929），陕西南郑人。1925年参加中国共产党。1927年参加毛泽东领导的秋收起义，曾任工农革命第一军第一师党委书记。1928年红四军成立后，任三十一团党代表，后调任二十八团党代表，同时任湘赣边界特委委员。1929年在江西大庾平顶坳战斗中负伤，带伤行军，遭敌人袭击，壮烈牺牲。为永远缅怀何挺颖烈士光辉业绩，彰示后人，党和人民在烈士家乡为其建碑。纪念碑由碑体和塑像两部分组成。纪念碑体高大，上面镌刻着薄一波题写的"何挺颖烈士永垂不朽"9个大字。铜质塑像塑造了何挺颖骑在跃起的战马上，右手高举，表现出烈士驰骋疆场，为民族解放事业英勇献身精神。

辛亥保路纪念碑

坐落在四川成都市人民公园内。保路运动是清末中国人民反对清政府出卖路权的爱国运动。1911年（宣统三年）5月，清政府颁布"铁路国有"政策，将各省商办铁路，一律收归国有，并将粤汉、川汉铁路的筑路权出卖给英、法、德、美四国银行团，激起广东、湖南、湖北、四川人民的强烈反对，由于这四省早已集股兴工，因而掀起了声势浩大的保路运动。四川的保路运动特别激烈。6月，四川成立"保路同志会"，参加者达数十万人。8月发展成罢市、罢课，抗捐抗税的斗争。9月7日，四川总督赵尔丰逮捕保路同志会负责人蒲殿俊，罗纶、颜楷、张澜等11人，制造了"成都血案"，屠杀请愿群众数十人。在同盟会的推动下，保路同志会发展成保路同志军，掀起了金川规模的反清武装起义。清政府派端方率领湖北新军入川镇压，使武汉的防备空虚，为革命党人发动武昌起义提供了有利条件。四川的保路运动，成为武昌起义的前奏。纪念碑建于1913年，系砖石砌成，呈方锥形，通高31.85米。由基脚、台基、碑座、碑身、宝顶5部分组成。台基呈圆柱形，安放在"同台"形的平台上。碑座分四层。每层四角坚贴砖柱。碑座四方有铁路，火车头图案浮雕，碑身每方均镌刻"辛亥秋保路死事纪念碑"的阴刻碑文，字径2尺许。字体各异，为书法家赵熙、颜楷、吴之英、张学潮等所书。

张自忠将军殉国纪念碑

位于湖北襄樊十黑长山。张自忠（1890—1940），著名爱国将领。山东临清人，字荩忱。1916年起，在冯玉祥的西北军中任营长、团长、旅长等职。1927年后。任国民革命军第二集团军总司令部副长官、第二集团军军官学校校长，陆军第二十五师师长、第二十九军三十八师师长兼张家口警备司令。1933年初，任前敌总指挥，在长城、喜峰口、罗义峪实行抗日。1935年华北事变后，任察哈尔省政府主席、冀察政务委员会兼天津市市长。1937年，七七事变后，一度代理冀察政务委员会委员长。曾参加台儿庄战役。后任国民党第二十七军团军团长、第三十三集团军总司令。第五战区右翼兵团总司令。1940年5月张自忠将军率部与日本侵略军在此激战，身负多处重伤，壮烈殉国。为缅怀其爱国之志，保国之功勋特建此碑，以志永远。

张清运纪念碑

位于山东省菏泽市教育局院内。1990年8月落成。纪念碑正面上书"捐资助教功在乡梓"。背面碑文是:"观中华数千年文明史,助教兴学历来视为义举盛事。我东城魏海村农民张清运因家贫而辍学,每叹无文化之苦,常自誓曰:若富先当助学。丁卯秋,自办铝合金厂而致富,3年共向教育捐资13.1万元,堪称尊师重教之楷模。特树此碑,以示旌表。"

张寒晖墓碑

位于延安市四八烈士陵园。张寒晖(1902—1946),现代作曲家。原名张兰璞,河北定县人。第一次国内革命战争时期加入中国共产党。后在北平(今北京)、西安等地从事中学教育、戏剧演出及报刊编辑等工作。抗战暴发后,曾带领剧团去农村宣传抗日。1941年赴延安，历任陕甘宁边区文化协会秘书长、戏剧委员会委员等职。作有配合革命斗争的秧歌剧多种，歌曲《松花江上》《游击乐》《去当兵》，以及反映延安大生产运动的陇东民歌改编曲《军民大生产》等。其中作于九一八事变后的《松花江上》。有力地控诉了日本帝国主义的侵略罪行，在群众中广泛流传。1946年因病逝世于延安，葬于延安嘉岭山上。蒋介石部队进攻延安时，将其墓碑全部毁掉。新中国成立后，经陕西省委批准重建。1987年10月20日落成，以志永远纪念。

张露萍等七烈士纪念碑

坐落在贵州息峰县城35公里处的烈士殉难处快活岭。1990年7月14日落成。张露萍（1921—1945），四川重庆人，原名余薇娜、余家英。1936年加入中国民族解放先锋队。1938年2月赴延安抗日根据地。先后在陕北公学和抗日军政大学学习。同年10月加入中国共产党。1939年到重庆，打入国民党军统局，领导电讯处秘密中共党小组。1940年被国民党政府逮捕入狱。先后关押在白公馆、息峰监狱。1945年7月14日，中美合作所的牢狱监管员打开牢门，她和6名同战斗、同工作、共生死的战友上了车。刑车沿蜿蜒曲折的小路，登上了川黔公路，在快活岭一座军统的仓库门前刹住了。张露萍和战友们下了车，沿门前的石级朝仓库的大门走去。突然，敌人的罪恶的枪声响了，6名烈士在张露萍的身后倒在血泊之中。张露萍却巍然屹立在石级上，圆睁双眼，怒气冲天，一声大喝，群山响应，声如霹雳。张露萍的凛然正气和大无畏气概，吓得一群特务刽子手惊叫起来，纷纷倒退。这时，外围的敌人如临大敌似的赶来，他们举枪乱射，子弹像狂风刮起的沙土，张露萍壮烈牺牲在刽子手们的乱枪之下，年仅24岁。为永远缅怀烈士，建碑于烈士的殉难处。碑上镌刻着张露萍、张蔚林、冯传庆、赵力耕、杨洮、陈国柱、王锡珍7位烈士的生平。贵州省顾委主任苏纲题写的"张露萍七烈士纪念碑"9个大字刚劲有力。

陈庄歼灭战纪念碑

在河北灵寿县西北横山岭水库主坝旁山头。以平面五角形的汉白玉石雕成，高2米，下有高1米的束腰式碑座。正面镌刻着"陈庄歼灭战纪念碑"8个大字，其余三面镌刻碑文，记载了这次战役歼敌经过。1939年5月23日，日伪军1500余人，由灵寿出发，准备北犯陈庄，企图消灭晋察冀边区领导机关及后方设施。八路军第一二〇师在晋察冀军区第四军分区一部的配合下，准备以两个团的兵力在慈峪以北的地区阻击，诱敌深入，然后集中6个团的兵力在运动中歼灭敌人。25日，日伪军进占慈峪。27日晨占领陈庄。28日10时，从陈庄东撤的日伪军进入伏击圈，八路军预伏部队突然发起猛烈进攻。至23时，将日军分割包围于冯淘里、破门口两个村内。灵邱、慈峪日军800余人增援。被阻击于白头山地区。29日拂晓，被围日军施放毒气掩护，企图突围，激战竟日，全部被歼，是役共毙伤日伪军1200余人。击毙敌原旅团长与田中大队长，缴获大批武器。为纪念这次战斗的辉煌胜利和牺牲的烈士，1959年10月1日立碑为志。

陈英士烈士纪念碑

位于浙江省杭州市。陈英士，近代浙江吴兴人，字其美。早年学习典当业和丝业。1906年到日本。入警监学校，加入同盟会。1908年回上海，往来沪浙等地，联络党人，并加入青邦为大头目。1911年7月参加谭人凤、宋教仁等在上海成立的同盟全中部总会。武昌起义后，联络上海商团。参与武装起义。上海光复后被任为沪军都督。1912年为派系倾轧，派人设计暗杀光复会领袖陶成章。7月沪军都督府撤销。次年在讨袁战争中，曾进攻江南制造局，失败后逃往日本。1914年参加中华革命党。1916年被袁世凯收买张宗昌派人刺死于上海。

陈英士铜像纪念碑完成于1929年，这是国内当时最大的雕塑工程。作品连底座总高七八米。整座雕塑像构成一个放射型。较好地表现了陈英士身先士卒，冒着枪林弹雨英勇杀敌的雄姿。

陈翰章将军纪念碑

位于吉林省敦化县革命烈士陵园。碑的正面书："烈士东北抗日联军第二军第二师师长陈公翰章纪念碑"。

陈翰章（1913—1940年），吉林省敦化县人。东北抗日联军一路军三方面军指挥，著名的抗日民族英雄。九一八事变后，陈翰章满怀爱国热情参加了反日救国军。1933年初，加入中国共产党。1934年，党派他到宁安工农义务队任中队指导员，第二年任抗联五军二师参谋长。1939年7月，任抗联第一路军三方面军指挥，率部队活动在敦化、延吉等地。9月，指挥了著名的寒葱岭伏击战，一举歼灭了日军少将司令松岛以下270余人，击毁汽车11辆，缴获大批给养和武器、弹药。1940

年冬，日寇向联军大举进攻，主力部队转移，陈翰章率部留在镜泊湖一带钳制敌人，由于叛徒告密，被日寇包围，激战中身负重伤仍与敌拼搏，凶残的日寇割下了他的头颅。党和人民永远怀念陈翰章将军，1955年将他的遗首安葬在哈尔滨烈士陵园。

灵田起义纪念碑

位于广西壮族自治区灵川县灵田乡。1987年7月建成。1947年7月中旬，中共灵川县特别支部，遵照中共桂林市工委的指示，贯彻中共广西省工委关于配合桂东钟山县英家起义，立即在全州、灌阳、灵川三县组织和发动武装起义的决定，并组成由省工委桂北特派员肖雷，中共灵川特支书记阴雄飞，特支委员全昭毅，曾金泉和中共全灌特支书记邓崇济等5人武装起义领导小组，具体部署灵川县灵田乡、南蕃乡、甘棠渡3个点起义和全（州）、灌（阳）起义。

灵田起义组以全昭毅、张俊为正副队长。举事前一天，党派张诚同志进入灵田乡公所掌握敌情，做好里应外合准备。7月23日凌晨，起义队伍与张诚对上暗号，打开乡公所后门，队伍即冲入乡公所内，不费一枪一弹，全部、干净、彻底地解决了乡警武装，缴获步枪10余支、驳壳枪5支、冲锋枪1支、轻重机枪各1挺，俘虏国民党乡警、乡公所职员20余人。23日黎明，起义队伍在灵田小学操场向群众宣传"反饥饿、反征粮、反征税"，开仓济贫，分粮2000余公斤，群众拍手称快。当日晚饭后，起义队伍同前来"围剿"的国民党保安队七八十人交火，旋即乘夜撤出乡公所，向潞河山区转移，与南藩、甘棠两个起义组的同志汇合，建立了第一支桂北游击队。始称"桂北人民抗征队"，后与全灌起义队伍合编为"桂北人民翻身队"。1949年7月，又按中共广西农委规定，改称为"桂北人民解放总队"，下辖路东、路西两个支队、十三个大队，拥有3000多人枪。以后，队伍经历过北上全（州）灌（阳），又由全灌南下灵川的艰苦转战，把游击区扩大到桂北11个县，使总兵力发展到4500余人枪，形成了农村包围城市（桂林市）

的战略态势。最后于 1949 年。配合中国人民解放军第四十一军，完全解放桂北地区和桂林市。在解放广西的"广西战役"中，写下了光辉的一页。

直罗镇战役纪念碑

位于陕西省鄜县（今富县）直罗镇。为纪念直罗镇战役胜利 50 周年而建，于 1985 年 7 月落成。直罗镇战役是第一次国内革命战争时期中国工农红军第一方面军与陕北红军在陕西省鄜县粉碎国民党政府军对陕甘苏区第三次"围剿"的歼灭战。1935 年 10 月红一方面军与红十五军团在陕北吴起镇会师。11 月，国民党军以 5 个师的兵力分两路进攻，东路沿洛川、鄜县大道北上，西路由庆阳、合水一带沿葫芦河向县前进，企图乘红一方面军刚到陕北立足未稳之际，消灭红军并摧毁陕甘革命根据地。红军遵照中共中央军委和毛泽东的指示，决定诱歼由合水东进的国民党政府军先头部队，以一军团埋伏于鄜县直罗镇以北的石咀、凤凰头地，以十五军团埋伏于直罗镇东南，并由一个连在直罗镇诱敌来攻。11月20日，国民党政府军第五十七军先头部队第一〇九师进占直罗镇，红军当夜包围该师，21日拂晓发起总攻，经一天激战歼敌大部。又歼一〇六师1个团。此役，共歼国民党政府军1个师又1个团，俘师长牛元峰以下5300余人，彻底粉碎了国民党政府军对陕甘根据地的第三次"围剿"，为中共中央把全国革命的大本营放在西北的任务。举行了一个奠基礼。该纪念碑由延安地区文物管理部门负责建造。纪念碑通高2.4米。具有民族风格，庄重大方，碑面镌刻着战役经过简介。

雨花台烈士纪念碑

位于南京市雨花台烈士陵园。从1927年至解放前夕，邓中夏、恽代英等10多万革命先烈在此英勇就义。

解放后，为缅怀先烈的英雄业绩，兴建了"雨花台革命烈士纪念碑"。纪念碑由碑体、碑廊、广场和地下通道以及地下展览厅、休息厅等几部分组成。占地面积1万多平方米。碑高42.3米，它寓意着南京于1949年4月23日获得了新生。碑顶是变形的多面体设计，它即像旗帜，又像火炬，要像唤起千百万群众的警钟，碑顶收腰部分，16只透空的石雕花饰连环组成。

1949年12月14日经南京市第二届人民代表会议决定兴建烈士陵园时所建在雨花台主峰上的，高6.8米，镌刻有毛泽东手书"死难烈士万岁"的纪念碑，由此座高大宏伟的纪念碑所代表。

欧阳海纪念碑

位于湖南省衡东县境内，距京广线衡山车站南约1公里，原部队驻地耒阳县灶市。1967年落成。

欧阳海（1940—1963），湖南桂阳人。1958年入伍，1960

年加入中国共产党。他认真学习革命理论，不断提高觉悟，刻苦锻炼，积极工作，多次立功受奖。1962年任班长。1963年11月18日，随部队野营训练，行军路过京广铁路时，北上武汉的一列客车鸣笛驶来，炮连一匹驮着炮架的马受惊，突然跨上铁路，在火车与马即将相撞的危急之际，他奋不顾身，跳上铁路，拼力将马推出铁路，避免了列车出轨，保障了旅客的安全，自己被撞重伤，壮烈牺牲。部队追认他为"爱民模范"。1964年1月22日，他生前所在的班被国防部命名为"欧阳海班"。

碑方柱形，上有英雄推马出轨塑像，后有纪念室，陈列欧阳海生平事迹、遗物等，四周绕以常青树丛。

环龙纪念碑

位于上海市顾家宅花园。

环龙，法国人。1911年1月10日，他为了向中国人宣传航空事业，远渡重洋，来到上海。他带来两架飞机，一架为布列利奥单翼机，一架勾桑麻双翼机。他曾驾驶桑麻式飞机先后几次在上海江湾跑马场上空进行飞行表演，均获成功。5月6日是跑马比赛最后一日，环龙又将进行飞行表演，消息传出，跑马场挤满了人，约17时30分，环龙驾机在场内盘旋一周，既平稳又迅速，观者莫不鼓掌。当飞机飞至华商跑马总会所搭之木棚西面时，环龙拟欲向左飞，作一小转弯，然后在场内空地落下。不料此时机身骤然向右倾斜，他被抛座位，仅以足钩住机上木条，身体倒悬空中，飞机失去控制。一刹那间，飞机坠地而毁，环龙当即身亡。

为了纪念这位为宣传航空事业第一个来华表演飞机的外国行员（亦是第一个在中国遇难的外国飞行员），弘扬其献身精神，当时曾将上海法租界的一条马路命名为环龙路（现称南昌路）。并在顾家花园内为其建树纪念碑。

范筑先纪念碑

位于山东省聊城市"范筑先纪念馆"院内。为纪念杰出的抗日英雄范筑先殉国50周年，于1988年11月15日落成。

大理石纪念碑正中镌刻着中央军委主席邓小平亲笔题写的"民族英雄范筑先殉国处"10个遒劲的大字。碑石背面镌刻范筑先简历："将军原名金标，出身农家，因饥寒而从军，历任北洋陆军第四师连营团旅长，冯玉祥部第十三军参赞，第三路军少将参议。以及沂、临沂县长，1936年任山东省第六区行政督、察专员，保安司令兼聊城县县长。九一八事变后，将军虽年近花甲，抗日卫士之志不减，在鲁西北与共产党人并肩作战百余次，并教育全家同抵外侮，儿子柄牲于前线，又送次女参战。1938年11月14日，日寇围攻聊城，他率部与敌血战，于15日壮烈牺牲，时年58岁"。

罗盛教纪念碑

位于朝鲜平安南道成川郡的石田里村。为纪念国际主义战士罗盛教而建。罗盛教，湖南省新化县桐子村人，1931年生。

1949年11月参加中国人民解放军，1950年加入中国新民主主义青年团，1951年4月参加中国人民志愿军。1952年1月2日，朝鲜平安南道成川郡石田里少年崔莹，在河面上滑冰掉入冰窟，罗盛教跳进冰窟，救出崔莹，自己光荣牺牲，年仅21岁。1952年2月，中国人民志愿军领导机关决定追记特等功，同时授予"一级模范"称号。1953年6月25日，朝鲜民主主义人民共和国最高人民会议常任委员会授予一级国旗勋章和一级战士荣誉勋章。

雄伟挺拔的纪念碑，耸立在村前一座苍松翠柏的山上。碑上深深地铭刻着朝鲜人民的伟大领袖金日成同志的题词："罗盛教烈士的国际主义精神与朝鲜人民共存"。

周文雍烈士纪念碑

位于广州市开平广湛公路旁。为纪念周文雍、陈铁军二位烈士而建。

周文雍（1905—1928），广东开平人，中国共产党党员。第一次国内革命战争时期，在广州从事工人和学生运动。蒋介石、汪精卫叛变革命后，他参加广州起义，任工人赤卫队总指挥、广州苏维埃政府劳动委员。1928年1月，在广州被国民党逮捕。在狱中他坚贞不屈。并在墙上写下了感人至深的诗句："头可断，肢可折，革命精神不可灭"。同年3月牺牲。陈铁军（1904—1928），女，广东佛山人，中国共产党党员。第一次国内革命战争时期，任广东妇女解放协会副主任。第一次国内革命战争失败后。协助周文雍在广州进行秘密工作，假称夫妻。1928年1月被捕，在狱中坚贞不屈。3月，被敌人判处死刑。就义前，向大家宣布她同周文雍在刑场上举行婚礼。新中国成立后，拍摄的电影《刑场上的婚礼》，歌颂的即是周、陈二位烈士的英勇事迹。

佳木斯市军民共建纪念碑

位于黑龙江省佳木斯市。佳木斯市是有拥军优属光荣传统的城市。1987年全市有18个县（区）191个乡（镇）、市区19个街道办事处都分别成立了各级拥军优属领导小组1496个企事业单位建立了押军优属工作委员会；城市居民委和农村村民委成立了2700多个拥军优属送温暖小组。建立了工业、农副业和生活服务等方面的育才基地30个，受培训的解放军指战员3300多人。智力拥军工作，由正规化系统教学发展到理论联系实际，学用结合，由定向培养发展到建立两用人才档案，实现预测——培养——使用——反馈一条龙。同年6月，民政部、总政治部在佳木斯市召开了全国"双拥"经验交流会。总政治部向佳木斯市赠送了"共育军地两用人才保卫祖国建设祖国"的锦旗，沈阳军区赠送了"拥军模范城"的牌匾。中共黑龙江省委、省政府授予佳木斯市民政局为"共建共育先进单位"称号。

纪念碑用灰白色大理石镶嵌而成，形同两只巨手相握，寓意军民携手，共同培育人才，保卫祖国建设祖国。

鱼雷营遇难同胞纪念碑

位于江苏省南京市原鱼雷营码头附近。为纪念抗日战争胜利40周年而建，1985年建成。碑文记载着："1937年12月15日夜，侵华日军将被其搜捕之南京市平民和已解除武装之守城官兵9000余人，押至鱼雷营，以机枪集体射杀。同月，日军又在鱼雷营、宝塔桥一带再次杀害我军民3万余人。死难者遗骸，直至次年2月，犹暴露于军营码头等地，惨不忍睹。后由红十字会就地掩埋，仅2月19日、21日、22日3天，埋尸即达5000余具。惨史难忘，忆往志慨，特立此碑，正告方来。"另外，在南京日本大屠杀纪念馆院中亦有一碑。

空海纪念碑

位于陕西西安市南郊乐游原上青龙寺。为纪念中日友好的先驱者空海，我国应日本四国香川、爱媛、德岛、高知四县要求，在当年空海学习过的唐青龙寺遗址上修建空海纪念碑。全部建筑包括纪念碑，陈列室，庭园等，占地6760平方米，面积422平方米。1981年7月动工，1982年5月落成。碑址地势高爽，视野开阔，远借雁塔影，悠然见南山。纪念碑造型取法大雁塔，用长安青砖与汉白玉砌筑，沉静古朴。陈列室以唐南禅寺大殿为蓝本，七间前后廊，并以回廊连接东、西山门，形成对纪念碑环抱之势。造型雄健洒脱，唐风浓郁。空海是日本僧人，日本龟宝五年（774年）生于日本国譜岐多度郡（今香川县普通市）。唐贞元二十年（804年）随使入唐，在长安青龙寺学习，在唐一年余。遍访名刹，广集群典，结交宿士，研求诸艺。归国后创东密，邃书道，著诗文，兴教育，为中日友好交流之先驱。

宝山烈士纪念碑

位于上海市宝山县吴淞口附近。为纪念解放上海市的战斗中牺牲的烈士，于1978年修建。

纪念碑高16米，威武庄严，从侧面看去，如同一个迎风斗浪、前进在长江中的帆船，使人联想到上海的解放是渡江胜利的继续，更加缅怀那些为上海解放而牺牲的英雄烈士。

宜兴农民秋收暴动纪念碑

位于江苏省宜兴县城。为纪念宜兴农民秋收暴动60周年而建，于1987年11月1日落成。纪念碑为卧式，正面镌刻着："宜兴农民秋收暴动纪念碑"11个大字，背面为中共宜兴县委、县人民政府撰写的碑文：

"1927年11月1日，中共宜兴县委响应党的八七会议号召，领导宜兴人民举行震撼大江南北的秋收暴动，打响了江苏农民武装反抗国民党的第一枪。

是日上午暴动行动委员会领导成员万益、段炎华、匡亚明、宗益寿、史砚芬等按计划指挥各路农军分散隐蔽陆续进城。12时许，中共江苏省委特派员暴动总指挥万益，暴动前在中央台连发3枪，佩带红布条的千余农军闻讯而动。手持大刀、锄耙、棍棒，一鼓作气，占领县署公安局，攻下商团水管，第一面绣有镰刀斧头的红旗在宜兴上空飘扬，红色政权——宜兴工农委员会宣告诞生。发布施政纲领，烧毁田契债据，惩办土豪劣绅，解放狱中穷人，劳苦大众雀跃欢呼，贪官污吏望风逃窜。宜兴农民暴动使国民党当局大为惶恐，调兵前来镇压，由于暴动孤立无援，坚持3天，被迫撤退，万益、蒋三大、陈伯麒等英勇牺牲。宜兴农民秋收暴动虽然失败，但影响深远，鼓舞了一代又一代后起者，在党的领导下为祖国独立、民族解放而前仆后继英勇奋斗。

为继承和发扬革命传统，悼念先烈，激励来者，在宜兴农民秋收暴动60周年之际而建此碑。"

郑州公路大桥纪念碑

位于河南郑州花园口"郑州公路大桥"桥头南端。1986

年 10 月落成。

郑州公路大桥宏伟壮观，有如"巨龙"横跨黄河，长 5549 米，宽 18.5 米，桥面可并排行驶 4 辆载重 55 吨的汽车，日通车能力达 3.6 万辆。这样的工程仅用了 27 个月的时间，创造了中国建桥史上的奇迹。结束了黄河两岸人民"过河难"的历史。

汉白玉纪念碑上镌刻着邓小平同志题写的"郑州黄河公路大桥"8 个大字。

河南黄漂队开漂纪念碑

位于黄河源头 3 个高山湖泊之间。1987 年 5 月 12 日树立。纪念碑为钢制，上面写着："河南黄河漂流探险队于公元一九八七年五月十一日到达黄河源头卡日曲"。

首次冲击黄河南源卡日曲受挫的河南黄漂队雷建生分队，历尽千辛万苦，终于于 5 月 12 日登上了卡日曲源头，并在这个源头树立起有史以来的第一块纪念碑。

法卡山英雄纪念碑

位于广西宁明县夏石镇。1986年落成。为纪念1981年6月我军收复法卡山战斗的英雄而建。

纪念碑前沿台阶两侧共有12根与水泥相连的铁索。纪念碑四周有43根直径为20厘米的钢筋水泥柱。纪念碑右侧有一个面积为6平方米由水泥块拼成的平台。纪念碑四壁镶嵌着大理石，上面镌刻着154名烈士英名。纪念碑上有座用玻璃钢铸成的母亲雕像。

泸州起义纪念碑

位于四川泸州龙透关。1991年6月25日落成。泸州起义是1926年12月1日，中国无产阶级革命家刘伯承与杨闇公、朱德等同志在泸（州）、顺（庆）举行的。刘伯承当时任国民革命军四川各路总指挥，率起义部队与四川军阀作战，策应北伐战争，实现了中共中央关于抑制川军东下威胁武汉的战略目的。由肖克同志题词的泸州起义纪念碑，主体形状由两支枪构成，表现"武装斗争夺取政权"的主题；碑和碑座总高19.26米，碑座宽12.1米，象征起义日期。

孟良崮战役纪念碑

位于山东蒙东南孟良崮山顶。1986年2月落成。

孟良崮战役是第三次国内革命战争时期，中国人民解放军在山东蒙东南孟良崮地区歼灭国民党军的一次战役。1947年5月上旬，国民党政府军陆军总司令顺祝同指挥3个兵团17个整编师45万人由临沂、泰安一线分三路向东北方向推进，企图压迫华东野战争退至胶东狭窄地区。为粉碎国民党政府军对山东解放军的厦点进攻，华东野战军决定集中主力，采取中央突破，两翼钳击的战术，围歼突进的国民党政府军整编七十四师。13日，发起猛攻14日，在孟良崮地区完成了对七十四师的分割包围。蒋介石急调10个整编师，向蒙阴、青驼寺集结，企图解孟良崮之围，遭阻击，未能得逞。15日，解放军攻击部队向孟良崮国民党政府军发起总攻，激战至16日，国民党政府军五大主力之一的整编七十四师全部被歼，师长张灵甫被击毙。这次战役俘虏国民党政府军19600人，毙伤13000人，打乱了国民党政府军重点进攻的战略计划，对华东战局的转变起了重要作用。

为纪念此战役所取得的重大胜利，缅怀在此战役中为国捐躯的中国人民解放军将士，特修建该纪念碑。纪念碑坐落在当年震惊中外的孟良崮战役主战场的大崮顶上。高20米，由优质的大理石和反光很强的合金材料镶成。碑座呈步枪枪托状，整个纪念碑象三把巨型刺刀，直刺蓝天，气势壮观。纪念碑正解镶刻着胡耀邦同志题写的"孟良崮战役纪念碑"8个镏金大字。纪念碑东西两侧分别刻着陈毅元帅写于孟良崮战役大捷前的"蒋军进攻必败"的预言诗和粟裕大将早年写的"英雄孟良崮"5个大字。纪念碑东南方20米处，就是当年击毙国民党"王牌军"七十四师师长张灵甫之地。

草鞋峡遇难同胞纪念碑

位于江苏省南京市草鞋峡。此碑落成于中国人民抗日战争胜利40周年之际。碑文记载着："1937年12月13日，侵华日军侵占南京后，我逃聚在下关沿江待渡之大批难民和已解除武装之士兵，共57000余人，遭日军捕获后，被集中囚禁于幕府山下之四五所村，惨遭凌辱，冻饿至死一批，18日夜捆绑押至草鞋峡，用机枪集体射击。少数伤而未死者，复用判刀补杀，后又纵火焚尸，残骸弃之江中。屠刀所向，血染山河。爰立此碑，藉志其哀，藉勉奋发图强，兼资鉴戒千古，维护世界和平，中日不再战"。

另外在南京市侵华日军南京大屠杀遇难同胞纪念馆内亦有一碑。

革命烈士纪念碑（辽宁本溪）

位于辽宁省本溪市望溪公园。为纪念国内革命战争时期及1960年为战胜特大洪水而英勇献身的英雄烈士而建。碑的四周，修筑汉白玉栏杆。碑座四面镶着"长征"、"抗联"、"解放战争"以及解放本溪各个历史时期的精美浮雕。碑身上刻着朱德同志的"革命烈士永垂不朽"、董必武同志的"光照日月"、谢觉哉同志的"与日月同光"等题词。

革命烈士纪念碑（山东莱芜）

位于山东省莱芜市高庄镇左苍龙峡岸。1989年山东省莱芜市高庄镇全镇农民人均纯收入1265元，创历史最高记录，居全市各乡镇之首。致富后，他们居安思危，饮水思源，不忘牺牲的革命烈士，全镇4万人民自愿捐资15万元，在莱芜八景之一的左苍龙峡岸圈建了一座 14.7 米高的革命烈士纪念碑。纪念碑上镌刻着全镇 244 名英烈的姓名、职务和籍贯。

南开四烈士纪念碑

位于天津市南开中学。1987 年 5 月 3 日落成。中央顾问委员会副主任薄一波为纪念碑题写了碑名。

为国捐躯的原南开中学一九三六班学生吴贻、张炳元、田文苑、岳岱四烈士，曾于 1930—1936 年在南开中学读书，毕业后参加革命，先后为革命事业贡献出自己宝贵生命。

该纪念碑是由南开中学一九三六班校友发起集资兴建的。

赵州桥纪念碑

位于河北省赵县赵州桥公园内。1991 年 9 月落成。赵州桥坐落在赵州（河北赵县）城南蛟河上。又称安济桥。是由隋朝工匠李春设计建造的大型敞肩石拱桥。桥跨37.37米，宽9.6米，拱弧（即拱高）7.23米，弧形平缓。全桥由28道石拱圈组成，两个换肩，各有两个小拱，即可减轻重量、节约材料，又便于排洪。

桥身外貌美观，在世界桥梁史上，其设计与工艺之新，为石拱桥的卓越典范，是世界上现存最早，保存最好的巨大石拱桥。赵州桥闻名中外，在中外桥梁史上占有重要地位。1991年被美国土木工程师学会命名为"国际土木工程历史古迹。"特建碑纪念。

赵尚志烈士纪念碑

位于黑龙江省宝泉岭农场尚志公园。1984年8月15日落成。赵尚志（1908—1942），热河（今属辽宁）朝阳人。1925年在哈尔滨读书时参加革命活动，同年加入中国共产党，后入黄埔军校学习。1926年回东北，曾多次被捕入狱。1932年1

月到巴彦游击队工作。同年冬到抗日义勇军孙朝阳部任参谋长。1933年10月，在中共珠河县委领导下，创建了珠河反日游击队，任队长。1934年后，历任东北反日游击队哈东支队司令、东北抗联第三军军长、抗联第二路军副总指挥。1942年2月12日凌晨，赵尚志在刘德山的引诱下，率小分队去袭击梧桐河伪警察分所途中，刘德山暗中开枪，子弹洞穿了赵尚志腹部，被敌人迅速包围，赵尚志回手击毙刘德山，命令未受伤的队员携文件包转移。他忍着重伤后的剧痛进行掩护，后因流血过多，在昏迷中被俘。敌人将他押解到警察分所，突击审讯，在他生命危重时刻，仍大义凛然，宁死不屈，使敌人惊叹不已。表现了一个抗日将领的尊严，牺牲时年仅34岁。

1947年珠河县工农代表大会，命名珠河县为尚志县。以永久纪念抗日民族英雄赵尚志将军。

荆江分洪纪念碑

位于湖北省沙市公安县。荆江是长江中游干流从湖北枝城到湖南城陵矶一段，因为流经古代的荆州，故名。荆江分洪区位于江陵城南部10余公里，属湖北省公安县。面积920平方公里，可蓄洪约60亿立方米，是我国第一个巨大的分洪区。主要工程包括北端的太平口进洪闸（54孔，长1054米）、南端的黄山头节制闸（32孔，长336米），还有泄洪排渍闸和四周的围堤等。1952年4月全面开工，出动30万人，75天竣工，是长江上第一个大型分洪工程。纪念碑建于北闸，上面镌刻着毛泽东同志题词。"为广大人民的利益，争取荆江分洪工程的胜利！"周恩来同志的题词："要使江湖都对人民有利"。

响堂铺伏击战纪念碑

位于河北省涉县响堂铺村东南。这里群山起伏，山势陡急，邯（郸）长（治）公路从村前狭窄山沟蜿蜒而过，是军事上的险隘。响堂铺伏击战是抗日战争时期，八路军在此地区伏击日本侵略军的战斗。

1938年3月，八路军第一二九师继神头村伏击战之后，为再次打击日军从邯郸至长治的后方重要补给线，31日以3个团于山西黎城、河北涉县间之响堂铺地区伏击敌运输队；另以一部分兵力向黎城、涉县方向警戒，阻击增援之敌。上午9时，日本侵略军一〇八师180余人，汽车180辆由黎城经东阳关向东出动，进入伏击地区后，八路军预伏部队突然发起攻击，经1小时激战，将敌全部消灭。同时，击退黎城涉县出援之敌700余人，并歼其一部。这一战斗，共歼敌400余人，烧毁汽车180辆，缴获大量辎重武器，进而光复涉县城。这一战斗的胜利，对开辟和发展太行抗日根据地起了很大作用。碑为青石砌成，碑身高11米，座高1米，上书"响堂铺伏击战纪念碑"9个大字，下有碑文，四周有石柱石栏环绕。形制质朴，庄严宏伟。

饶河抗日游击队纪念碑

位于黑龙江省饶河县。为纪念我抗日联军烈士和部分朝鲜籍烈士而于 1952 年修建。该碑是根据朝鲜民主主义人民共和国最高人民会议常任委员会委员长崔庸健同志的建议，经周恩来同志批准修建的。1986 年 9 月 3 日落成。纪念碑的正面书写着"饶河抗日游击队纪念碑" 10 个大字。上部安置着游击队战士持枪行进的全身塑像。四周围以石栏和台阶。

段德昌烈士纪念碑

位于湖北省鹤峰县金果坪乡烈士殉难地。段德昌（1905—1933），湘鄂西革命武装和根据地的创建人之一。湖南湘潭人。黄埔军校第四期毕业。1925 年加入中国共产党。1927 年秋。参加领导南县、华容、石骨等地农民起义。1928 年任中共湖北公安县委书记、鄂西特委委员。1929 年任鄂西游击总队参谋长、独立第一师师长。1930 年以后，历任中国工农红军第六军参谋长兼第一纵队司令、军长、政治委员、红三军第九师师长，中共湘鄂西省委委员和军委分会主席团委员等职。1933 年夏在湖北鹤峰金果坪牺牲。

施洋烈士纪念碑

位于湖北省武汉市武昌宾阳门外洪山施洋烈士墓前。1953年2月落成。纪念碑高大。正面镌刻"施洋烈士纪念碑"7个大字，两侧镌刻《施洋同志生平事略》：

"施洋同志，一八八九年生于湖北竹山。早年刻苦学习，热心政治和革命事业。'五四'运动前夕，结业于法政学校，开始执行律师业务，为武汉学生运动奔走宣传，并积极参加或领导文化革命运动、平民教育运动、中韩联合运动及驱王（军阀王占元）自治运动等，渐与以恽代英同志为首的进步团体接触，更提高马克思主义思想水平。一九二一年加入中国劳动组织书记部，在中国共产党领导下，进行有组织的工人运动，於汉口'租界'区域，发动六千余人力车工人反对增加车租的大罢工，继又领导汉阳铁厂罢工，均获胜利。武汉工人运动及工人组织，受此形势鼓励，日趋统一成长，成立了武汉工团联合会。施洋同志，以该会法律顾问名义，继续进行工运工作。

一九二三年二月，施洋同志参加领导京汉铁路工人为争取集会结社自由，反对军阀压迫的'二七'大罢工。这次罢工，形成中国工人运动的第一个高潮，使帝国主义者及其走狗军阀吴佩孚萧耀南等极端震骇。乃以最无耻凶残的屠杀手段，行使镇压。二月七日午后，反动军警围攻江岸工会，当场杀害工人领袖林祥谦同志及工人五十余人，入晚逮捕施洋同志，解往武昌监狱。同月十五日（阴历除夕）晨七时，施洋同志以共产党员英勇小心和从容就义的精神，为党、为工人阶级、为中国人民解放业壮烈牺牲。

烈士之弟施秀高，在烈士的教育培养及其思想影响下，幼年即参加革命活动，于一九二八年三月一日在武汉遇难，特附记于此，并资纪念"。

恽代英烈士纪念碑

位于南京市江东门侵华日军南京大屠杀遇难同胞纪念馆

对面。

耸立在鲜花翠柏丛中。纪念碑高4.65米，宽1.4米，顶端是恽代英烈士的半身汉白玉雕像，陆定一同志题写的"恽代英烈士"5个大字镌刻在碑的正面，碑的背面镌刻着烈士的生平业绩。

恽代英（1895—1931），中国无产阶级革命家，早期著名的青年运动领导人之一，江苏武进人。五四运动时，在武汉组织学生罢课和示威，并创办利群书社。1920年与萧楚女等发起组织中国社会主义青年团，次年加入中国共产党。1923年起参加中国社会主义青年团中央领导工作。曾任团中央宣传部长及《中国青年》主编，上海大学教授。1926年任黄博军官学校政治总教官，并在广州农民运动讲习所任教。在中国共产党第五次全国代表大会上当选为中央委员。参加过八一南昌起义和广州起义。1930年任沪东行动委员会书记，5月6日在上海被国民党反动派逮捕，次年4月在南京狱中遭杀害。

闽北革命烈士纪念碑

位于福建省崇安县城内列宁公园东侧。1957年"七一"前夕落成。纪念碑为磨光石构筑，呈复式四棱柱状。碑身南、北面镌刻朱德题词，南为"闽北革命烈士纪念碑"，北为"革命烈士永垂不朽"。碑台系称弥座，东、西、北三面分别刻有陈毅、张鼎丞、邓子恢等的题词。台座南面镶嵌碑文。记述闽北革命斗争的光辉业绩。碑座分上下两层，为正方形，四周有大理石栏杆，均设台阶。周围绿草如茵，松柏环抱，瑰伟壮观，庄严肃穆。1981年在公园西侧又新修闽北著名烈士徐履峻、陈耿、徐福元、黄立贵、王助、汪林兴墓冢和纪念亭。

闽西革命烈士纪念碑

位于福建龙岩市西北面的虎岭山麓。闽西人民在中国共产党领导下，前仆后继，英勇奋斗半个世纪，革命红旗始终不倒。为了纪念牺牲在战场上和敌人监狱里的 17000 名闽西优秀儿女，1955 年春动工兴建，1956 年秋落成。纪念碑前有 140 层台阶，碑高 20 米，用青白两色花岗石砌成。两面镌刻"闽西革命烈士纪念碑"9 个镏金大字。碑顶饰有祥云拱月浮雕。碑座四面刻着邓子恢、张鼎丞等人题词。东侧有中国工农红军十二军军部旧址，北侧有闽西革命根据地著名领导人郭滴人烈士墓。

洋县革命烈士纪念碑

坐落在陕西省洋县华阳镇。1989 年"七一"前夕落成。洋县是陕西省最早的革命老区之一，1926 年就有地下党员活动。1935 年，由程子华、徐海东率领的红二十五军长征经过华阳，开辟华阳苏区，粉碎了国民党军队的围追。在同敌人的浴血奋战中，先后有近 300 名红军战士和游击队员英勇献身。为褒扬英烈,教育人民,中共洋县县委,洋县人民政府决定建立纪念碑。1987年底动工,历时一年零十个月竣工。

纪念碑高19.35米,平均宽度为2.5米,象征1935年红二十五军解放华阳。纪念碑东侧镌刻着全田政协主席李先念的题词:"红二十五军的长征是红军长征史上的光辉一页"西侧雕刻着原红二十五军军长、全国政协副主席程子华的题词:"烈士精神永垂不朽"。

聂耳纪念碑

坐落在日本藤泽市鹄沼海岸。1986年3月落成。聂耳(1912—1935),人民音乐家。原名守信,字子义,一作紫艺,云南玉溪人。自幼爱好音乐,1930年入上海明月歌舞团,1933年加入中国共产党,参加左翼音乐、戏剧、电影等活动,为中国革命音乐创作的奠基者之一。其作品有《义勇军进行曲》《毕业歌》《大路歌》《开路先锋》《码头工人歌》等30余首,对唤起民众，开展抗日救亡运动起了很大的鼓舞作用。其中《义勇军进行曲》后被定为《中华人民共和国国歌》。1935年取道日本赴苏联学习，7月17日在日本神奈川县藤泽市鹄沼海滨游泳时，不幸溺水逝世。

纪念碑高3米，宽约4米，花岗岩石雕凿而成。碑呈耳朵形，寓意为聂耳有非凡的两只大耳朵，能听到大地深处的音响。纪念碑上所镌铭文是引用法国名诗人约翰·可拉托的诗句："我的耳朵宛如贝壳，思念着大海的涛声"。碑前有说明碑，用日文书写，大意是：1935年7月17日，聂耳于此下水，成为大海不归之客；聂耳1912年生，死时仅23岁。文后署名为藤泽市长、聂耳纪念碑保存委员会会长叶山峻，立碑时间是1986年3月。为防止纪念碑受海风、海潮侵蚀，纪念碑用半透明厚塑料布罩子保护。碑西，横卧着一块较小的石碑，上面有郭沫若题写的6个金色大字"聂耳终焉之地"。为1965年7月17日，聂耳逝世30周年而立。

烈士纪念碑

位于山西太原市中心儿童公园内。为纪念解放太原战斗中牺牲的死难烈士而建。

1948年7月晋中战役后,解放军华北野战军第一兵团(后改为第十八兵团)及晋绥军区第七纵队(后改为第七军)、晋中军区3个独立旅共8万余人,乘胜逼近太原。10月5日开始外围战斗,首先在小店镇地区围歼外出抢粮的国民党军两个师,接着进行外围要点争夺战,至12月4日,占领了需南和东山各要点,歼敌5万余人。此后,为避免因攻下太原迫使北平(今北京)、天津之敌感到孤立而逃跑,遂缓攻太原,转入围城休整。平津战役结束后,华北野战军集中第十八、十九、二十兵团和第七军等都,于1949年4月20日对太原发起总攻,22日全都肃清周围据点,24日攻破城垣,仅4个多小时即全歼守敌。此役,共歼敌12.4余万人,俘敌太原防守司令王靖国、太原绥署副主任孙楚等，结束了阎锡山在山西近四十年的反动统治。是役我部分解放军官兵为国捐躯。

纪念碑由汉白玉石砌成，高4米，呈方形，顶部有几尊金属人物铸像。辉宏壮观。

挹江门丛葬地纪念碑

位于江苏省甯京市挹江门。值中国人民抗日战争胜利40周年建成。碑文记载着："挹江门附近，是侵华日军南京大屠杀我遇难同胞尸骨丛葬地之一。从1937年12月至1938年5月，南京崇善堂。红十字会等慈善团体先后6批，共收死难者遗骸5000多具，埋葬于挹江门东城根及其附近之姜家园、石榴园等地。

特立碑记此事、藉慰死者。兼励后人，牢记历史，振兴中华。"

另外，在南京市侵华日军南京大屠杀遇难同胞纪念馆内亦有一碑。

莆田革命烈士纪念碑

坐落福建莆田市郊南门外 0.5 公里多的筱塘龙脊山顶。大门上方嵌有郭沫若亲笔题写的大理石匾额"烈士陵园"4 个镏金大字，雄浑遒劲。碑仿首都"人民英雄纪念碑"式样，用本县特产"华亭青"石材建筑。正面有 110 级磴道，直达碑台下。碑台四方形，两层。各置石围栏。碑座正面嵌刻中共莆田县委员会和莆田县人民委员会的碑文。另三面嵌有六块表现重大革命历史事件的浮雕图像。碑身高 16 米，南面仿刻毛泽东手书"人民英雄永垂不朽"镏金大字；东、西、北三面镌刻着曾在莆田领导过革命斗争的老一辈无产阶级革命家邓子恢、张鼎丞和叶飞的题字。纪念碑四周广植林木，蓊郁葱倩，四时花开，花香四溢，景色庄重秀丽。前来瞻仰的人络绎不绝。

爱民林纪念碑

位于辽宁省本溪市复兴沟山梁上。1990年7月29日落成。

本溪以煤铁之城的特有优势，为我国的社会主义建设无私的贡献着；本溪的环境污染也以令人吃惊的程度无情地泛滥着。1989年，中共本溪市委、市政府在国务院和辽宁省的关怀支持下，在采取一系列硬性治理配套措施的同时，决定建设环城森林公园，以改善失衡的生态环境。中国人民解放军驻本溪某部领导闻讯后，感到这是造福人民，功在后世的公益事业，积极请缨承担了300余亩红果园的任务。1989年秋和1990年春，3千多名官兵起早贪黑挥镐舞锹，挖坑栽树，并在山上埋锅造饭。加强管理，使1300多株山楂树，长势良好，成活率达97%以上。

为表彰其业绩而建此碑。

爱民抢险七勇士纪念碑

位于广东省珠江口"节兵义坟"旁。1983年9月9日，9号台风袭击广东省珠江口，形成百年不遇的台风暴潮，南海舰队某部立即组织600多名指战员顶着狂风暴潮，奋战近10个小时。抢救出受灾群众800多人，使海堤脚下的河仔、西塘、瓦罐3个村庄的1000多名群众安然无恙，而部队的7名干部、战士却壮烈牺牲。当地群众闻讯悲痛万分。纷纷要求为烈士树碑立传。当地政府根据人民的愿望，在当年鸦片战争抗英殉难烈士的"节兵义坟"旁，面向3村修建了这座"爱民抢险七勇士纪念碑"。

"爱我中华，修我长城"纪念碑

位于北京八达岭长城北七城台。长城是我国古代为了防御而沿国境修筑的城墙。战国时北方匈奴开始强大，不时南下侵扰与之相邻的秦、赵、燕，于是三国分别修筑长城。秦长城西起临洮（今甘肃岷县），东北经固原至黄河。赵长城西起高阙（今内蒙古自治区临河），东至代（今河北蔚县）。燕长城西起造阳（今河北独石口），东至辽东。这三条长城当初并不衔接，秦统一六国后，公元前215年，秦始皇派大将蒙恬主持将原有秦、赵、燕三段长城连接起来，重新加固，西起临洮，东至辽东，史称"万里长城"，即秦长城。后经西汉、北魏、北齐、北周以至隋唐，各朝都有对长城有所改线重建，特别是明代，对长城前后整修改建达18次，形成西起嘉峪关，东至山海关，长约5500公里的坚固长城，即明长城。在宣化、大同两镇之南及直隶、山西界上还筑有内长城。长城是我国劳动人民勤劳、智慧和血汗的结晶，巍然矗立、雄伟壮观，勘称世界历史上的伟大工程之一。

因长城修筑年代久远，有的出现破损，有的呈断壁残垣，为保护这一历史奇观，由《北京晚报》《北京日报》《北京日报（农村版）》《经济日报》《工人日报》和八达岭特区办事处。于1984年7月5日联合举办"爱我中华、修我长城"社会赞助活动，在近两个月的时间里就收到社会各界捐赠150万元。举办单位用这笔赞助捐款修复破损的八达岭北七、北八城台及北六至北八城台的城墙。中共中央顾问委员会主任邓小平9月2日为爱我中华，修我长城社会赞助活动题词："爱我中华，修我长城"。

八达岭北七城台修建的纪念碑，碑身正面镌刻着邓小平同志的题词："爱我中华，修我长城"8个大字，碑身背面记录着这次大规模赞助活动的碑文，碑身两侧分别刻着赞助活动的单位和个人名单。另在山海关（天下第一关，老龙头）还建有纪念碑多通。

倒马坎战斗纪念碑

位于四川省秀山土家族苗族自治县峻岭乡。当年红七师、黔东独立师战斗过的地方。1986年8月建成。

峻岭乡是当年红三军在川黔边创建黔东特区革命根据地，是牵制敌人、掩护主力军进行战斗的地方。为了纪念英烈，激励后人而建。纪念碑高10.5米，宽1.4米，厚0.8米，为钢筋混凝土结构，造型精美。中国人民解放军军事科学院政委、当年黔东独立师政委段苏权为纪念碑书写了碑名。

铁路华工纪念碑

坐落在加拿大多伦多市市立公园入口处。1982年9月25日落成。横贯加拿大全境的太平洋铁路，全长4000多公里，于1880年动工兴建，1884年竣工。铁路工程十分艰巨，其中几千米长的隧道，数千座桥梁的架设，100多个涵洞的开凿，都由华工完成。当时，直接参加修建这条铁路的华工达7000人，其中有600多名华工在修筑期间遇难。加拿大联邦政府为纪念作出卓越贡献的1.7万名铁路华工，建造了这座高达35英尺的铁路华工纪念碑。

铁道兵开发大兴安岭纪念碑

位于黑龙江省加格达奇市。这是大兴安岭地区政府和人民为纪念原铁道兵开发大兴安岭而建的。1964年，原铁道兵8万官兵按照党中央、国务院和中央军委的指示进军大兴安岭。他们在茫茫林海里风餐露宿，艰苦奋斗，征服了"高寒禁区"，建成了792公里长的铁路，为开发大兴安岭打通了道路，使大兴安岭成为我国著名的木材生产基地。这批官兵1984年集体转业，改编为铁道部工程局，广大职工继续在林海努力奉献。

纪念碑矗立于加格达奇北山公园的山顶上，高20米，主体是焊接成的2根高约14米的钢轨，钢轨之间镶嵌一颗直径6米的铁道兵兵徽。

唐山抗震纪念碑

位于河北省唐山市新区中心广场南侧。为纪念唐山地震10

周年而建。1986年7月26日落成。纪念碑由主碑与副碑组成。主碑高33米。主体为4片梯形电截面混凝土立柱直插云霄，造型犹如4只巨手伸向天际，象征人定胜天，新唐山拔地而起，下部由8块浮雕组成四方形，象征全国四面八方的支援。碑座四方的台阶，由四段组成，每段7级，共28级，用以纪念7月28日这个难忘的日子。碑身8.5米处，镶嵌一块长3.86米，宽1.6米不锈钢匾额，上面镌刻中共中央总书记胡耀邦题写的"唐山抗震纪念碑"7个金色大字。主碑四周，装有反映唐山人民抗震救灾、重建家园、向往美好生活的浮雕。副碑在主碑北侧，为长方形，长9.5米，高2.96米，以花岗岩石块堆成废墟状，碑中心正面镌刻碑文，记载1976年唐山大地震造成的损失和唐山人民抗震救灾的英雄业绩，背面为唐山地震烈度分布图。纪念碑两侧为新建的唐山地震资料陈列馆。馆内存放有大量有关地震的文字、图片资料和纪录影片。整个建筑象征新唐山崛起，也象征着全国四面八方的支援。

郭沫若纪念碑

位于四川省乐山市第一中学校园内。为纪念中国现代杰出的作家、诗人、历史学家、剧作家、考古学家、古文学学家、著名的社会活动家郭沫若同志80年前曾在这所学校的前身四川省嘉定府官立中学堂就读而建。1988年10月建成。郭沫若（1892—1978），四川乐山人。曾留学日本，参加过北伐战争，后再度赴日从事中国古代史和甲骨文、金文的研究。抗日战争时期回国，从事革命文化活动。解放后曾任政务院副总理、中国科学院院长、全国人大常务委员会副委员长、全国政协副主席、中共中央委员等职。一生著述很多，有小说、诗词、剧本、历史学、考古学、古文学学等数百种，编入《沫若文集》。

纪念碑呈洁白色，高4.2米，框围10.8米。这座纪念碑塑造的是晚年时期的郭老形象。他坐在家乡特有的藤椅里，止握笔写作，微微前俯的身躯，凝目深思的神态，充分地表现出郭老为我国科学文化的振兴、文学艺术的繁荣而殚精竭虑的动人情景。石头和藤椅成环抱之势，通过碑座连接大地，寓意家乡的土地孕育了郭老这样杰出的人物。碑座四面是浮雕，后面一幅雕着一对烈火中诞生的凤凰，在新升起的太阳照耀下，欢乐的飞舞和歌唱，这是郭老"五四"时期的新诗集《女神》中的名篇《凤凰涅槃》诗意造型，体现郭老是我国新诗歌运动的奠基者。右面一幅雕着青铜器司母戊鼎、甲骨文和郭老撰写的《卜辞通纂》，反映郭老在考古和古文字研究方面的巨大贡献。左面一幅雕着屈原、蔡文姬、李自成的形象，展示了郭老作为戏剧家和马克思主义历史学家的才华。

整个纪念碑呈雕塑状，古朴典雅、庄重大方。

浙江革命烈士纪念碑

位于浙江杭州市西子湖畔的云居山上。1990年3月1日落成。

浙江人民具有光荣的革命传统。近百年来，在反帝反封建反官僚主义和保卫新中国、建设新中国的历程中，浙江人民前仆后继，英雄辈出。据统计，现在载入史册的烈士就有17197名，还有许多尚未查明的无名英雄。他们有的在战场上奋勇当先、舍生忘死；有的在敌人的监狱中大义凛然、坚贞不屈；有的在敌人刑场上慷慨赴死、从容就义；有的在社会主义建设中艰苦奋斗、奋不顾身。他们是民族的精英，人民的骄傲，祖国的功臣。他们的意志、品质和精神永远值得我们学习。为纪念先烈，告慰英灵，教育后代，1987年决定建永久性纪念物——浙江革命烈士纪念碑，并于同年12月破土动工。

纪念碑体由汉白玉和大理石砌成，高27米，洁白，线条简洁，庄严肃穆。纪念碑呈风帆型，象征了浙江革命斗争如钱塘江潮中航船，在中国共产党的领导下，乘风破浪，奋勇前进。碑座的正面镶嵌着陈云同志题写的"革命烈士永垂不朽"8个金光闪闪的大字。纪念碑后有一座长82米，高4.5米的大型铜浮雕壁，蜿蜒曲折，寓意后浪推前浪的钱江潮，它与纪念碑紧密结合在一起，既增强了纪念碑的艺术效果，又丰富了瞻仰内容。雕塑壁系钢筋混凝土墙板，浅灰色花岗石饰面，上面镶嵌着由紫铜板锻轧成的浙江省自辛亥革命以来各个历史时期革命烈士英勇斗争的群像。东端迎面行军礼的战士塑像，表示向先烈们致敬；西端手托橄榄枝和平鸽的母子立像，象征着先烈们追求的和平与友爱。它是我国目前最大的铜浮雕。从云居山麓入口处到纪念碑前，是全长560米的甬道，两侧松柏苍翠，石阶铺展，整个纪念碑景区庄严肃穆。

这座纪念碑是浙江省人民政府和4000万浙江人民投资、集资和捐资1000万元兴建的（含纪念馆）。

海军收复西沙群岛纪念碑

位于中国西沙群岛永兴岛。建于1947年。中国南海的西沙、南沙群岛等岛屿，历来是中国的神圣领土。第二次世界大战期间，曾一度被日本侵占。1945年抗战胜利后，根据开罗宣言和波茨坦协定，中国收复了被日本侵占的领土。当时的中国政府继收复台湾之后，立即组织海军，会同广东省政府，南下接管西沙与南沙诸岛。

1946年11月23日，一切准备工作完成后，永兴、中建两舰先行出航，于24日晨抵达永兴岛（原名猫岛），经五天五夜艰苦劳作，进驻工作大体完成。11月29日上午，举行"收复西沙群岛纪念碑"揭幕仪式。纪念碑系水泥所制，正面精刻"卫我南疆"4个大字，背面刻"海军收复西沙群岛纪念碑"及"中华民国三十五年十一月二十四日立"。后毁于战火。

1947年，海军司令部在南海各群岛设置管理处，重建"海军收复西沙群岛纪念碑"，背面有"南海屏藩"4字。此碑至今屹立在永兴岛上，成为中国神圣领土西沙群岛上的一座永久的历史物证。

能源重化工基地纪念碑

位于山西太原火车站前广场。太原位于山西省中部，太原盆地北端，滨临汾河、同蒲与石太、太焦等铁路交会于此。为山西省政治文化、经济和交通中心。1927年设市。解放前，仅有小型工业。解放后新建和扩建钢铁、煤炭、化工工业，成为我国能源重化工基地。

纪念碑由雕像和碑体两部分组成，是我国最大的不锈钢大型雕塑。7.4米高的三尊人物雕像代表煤矿工人、钢铁工人、科研人员。雕像后面是直插云霄的碑体，高38米。这座雕塑集中反映了太原这个能源重化工基地迅猛腾飞的宏伟气势。

黄龟渊纪念碑

在吉林省龙井市八道沟劳动乡。1991年10月16日落成。黄龟渊生前能讲500多个故事，并先后出版了《天生一对》《破镜奴》《黄龟渊民间故事集》3本书，并在国内外30余种报刊书籍上发表过故事。黄龟渊的故事结构严谨，内容丰富，趣味性强。他所讲述的故事都是扬善抑恶，尊老爱幼等激励人们奋发向上的内容，有着浓厚的民族特色和自己的特有风格，在朝鲜族地区产生了广泛之社会影响。中国民间文艺家协会吸收其为会员，1986年吉林省民间文艺家协会授予他"民间故事家"的荣誉称号。

该碑是由吉林省民间艺术家协会、延边朝鲜族自治州民间文艺家协会，龙井市民间文艺家协会共同建树的。为一个讲民间故事的老人立碑，这在国内是绝无仅有的。

黄麻起义和鄂豫皖苏区革命烈士纪念碑

坐落在湖北红安县烈士陵园内。黄麻起义是第二次国内革命战争时期，中国共产党在湖北黄安（今红安）、麻城两县领导农民举行的武装起义。1927年11月3日，中共鄂东特委召开两具活动分子会议，成立了以潘忠汝为首的总指挥部。4日，起义军攻占黄安县城，活捉伪县长，摧毁伪政权。18日成立黄安工农民主政府，曹学楷任主席。紧接着成立鄂东工农革命军，潘忠汝、吴光浩分任正副总指挥。25日，由于优势敌人的围攻，一部分工农革命军突围，转移到黄陂县木兰山开展游击战争，1928年4月返回黄麻老区，继续进行斗争。1929年5月，创建了鄂豫边界革命根据地。1930年4月，与豫东南、皖西两革命根据地，统一为鄂豫皖革命根据地。为纪念黄麻起义和鄂豫皖苏区的革命烈士，建立了"黄麻起义和鄂豫皖苏区革命烈士纪念碑"。

梅里雪山遇难勇士纪念碑

坐落在云南省德钦县飞来寺院内。为纪念中日梅里雪山联合登山队遇难17名队员而建。1991年5月1日落成。这座用大理石建成的纪念碑，高80公分，宽120公分，上方镌刻着"首次向梅里雪山挑战的勇士在此长眠"一行大字，中间是17位勇士（其中中国6名日本11名）的姓名，左右两侧为"秀峰大地静相照，高洁精神在其间"的碑联。

梅河口战役革命烈士纪念碑

坐落在吉林省梅河口市北山烈士陵园。1987年7月29日落成。

1947年5月，东北民主联军向梅河口国民党守敌一八四师发起进攻。经过70多个小时的激战，全歼一八四师，生俘敌师长程开文。在这次战役中，民主联军的83名官兵献出了宝贵生命。为了缅怀革命先烈，梅河口市各族人民集资修建了这座纪念碑。

彭真委员长为纪念碑题词："革命英烈永垂不朽！"曾在梅河口战役中担任总指挥的中顾委委员肖劲光也题写了"万古千秋"4字。

鄂豫边区革命烈士纪念碑

位于湖北大悟县城"鄂豫边区革命烈士陵园"内。1984

年11月6日落成。纪念碑高22.8米，由白色大理石砌成。碑身一侧镌刻着李先念同志1979年4月21日的题词："为革命事业英勇牺牲的烈士们永垂不朽！"另一侧镌刻着徐向前同志1979年12月18日的题词："继承和发扬革命先烈们的精神，为建设社会主义的四个现代化而奋斗！"鄂豫边区是对中国革命作出过重大贡献的老根据地之一。在那峥嵘岁月里，鄂豫边区军民为革命作出了巨大的牺牲，数以万计的英雄儿女，为了夺取抗日战争和解放战争的胜利英勇战斗，前赴后继，创造了可歌可泣的英雄业绩。

密云水库纪念碑

位于北京市密云县。1990年9月1日落成。密云水库位于密云县境内。1958年动工兴建，1960年9月1日建成。这座华北地区最大的水库，总蓄水量为43.75亿立方米，相当于1200个颐和园昆明湖的蓄水量。密云水库为京、津、冀地区的发展工农业生产、改善人民的用水条件、美化环境做出了巨大贡献。它是首都赖以生存和发展的命脉。

为纪念密云水库建成30周年，密云水库修建总指挥部，为建库功臣建此碑以弘扬其伟业。

深圳烈士纪念碑

位于深圳北环路婆岭山坡。深圳是著名抗日游击队——东江纵队的诞生地。婆岭是当年东江纵队打击日寇侵略者和营救沦陷在香港的进步爱国人士的交通点。为了纪念深圳和港九地区在各个历史时期牺牲的革命先烈，深圳市人民政府于1983年决定，将原来坐落在市中心广场的保安县革命烈士纪念碑迁建到这里。1987年4月1日落成。

清华英烈纪念碑

位于北京清华大学校园河边小山上。清华大学是富有革命斗争传统的学校，早在1919年爆发的反帝反封建的"五四"运动中，广大师生积极响应，先后有诸多革命志士为国捐躯。为纪念先烈，彰示后人而建碑。碑上镌刻着从抗日战争至解放战争时期牺牲的烈士名单。

清凉山遇难同胞纪念碑

在江苏省南京市清凉山。值中国人民抗日战争胜利40周年落成。碑文记载有："1937年12月，侵华日军制造了震惊中外的南京大屠杀事件，我数以千计的无辜同胞在本院境内。即清凉山附近之原吴家巷、韩家桥等地遇难。为纪念死者，激励后人，振兴中华，维护和平，特立此碑。另在南京市侵华日军南京大屠杀遇难同胞纪念馆亦有一碑。

彭加木纪念碑

位于新疆维吾尔自治区罗布泊库木库都克。为纪念著名科学家彭加木遇难一周年而建，于1981年6月落成。

彭加木（1925—1980），著名科学家，中国科学院上海生物化学研究所研究员，兼任中国科学院新疆分院副院长。广东番禺县人，1925年生，1947年毕业于国立中央大学，曾担任过北京大学农学院土壤系助教。1949年，先后在中国科学院生理生化研究所，中国科学院综合考察委员会，中国科学院上海生化研究所任职。1950年7月加入中国共青团。1953年10月加入中国共产党。他为发展边远地区的科学事业，倾注了大量的心血。其足迹遍布新疆、云南、福建、甘肃、陕西和广东等10余个省区。他先后15次进新疆考察和帮助工作。罗布泊地区是我国西部的一块"神秘"的宝地，由于自然条件异常恶劣，交通困难，一直处于与世隔绝的状态。彭加木曾3次进入这一地区，调查自然资源和自然条件，了解人类活动地自然环境的影响。1980年6月17日，带领考察队在渺无人烟的罗布泊腹地进行考察，胜利地穿过干涸的湘盆，为今后的考察奠定了基础，但不幸遇难，长眠在他为之献身的罗布泊。中国科学院新疆分院，为纪念彭加木遇难一周年而建碑于此。纪念碑高近2米，正面镌刻着："1980年6月17日彭加木同志在此科学考察时不幸遇难"。四周围以护栏。

雁宿崖黄土岭战役胜利纪念碑

位于河北省涞源县黄土岭。1989年落成。

黄土岭战斗是抗日战争时期，八路军在河北涞源东南黄土岭地区粉碎日本侵略军"扫荡"的战斗。1939年冬，日军2万余人分11路向晋察冀抗日根据地进行"扫荡"。11月3日，日军第二混成旅团一个大队500余人由涞源南犯，进至雁宿崖、三岔口地区时，被晋察冀军区第一、二、三团包围歼灭。4日，日军第二混成旅团旅团长阿都中将又亲率千余人向三岔口地区进犯。5日、6日先后进占黄土岭、上庄子等地。7日，晋察冀军区第一、二、三团和第一二○师。将敌包围于黄土岭、塞坨、上庄子地区，激战一昼夜。毙伤敌900余人，并击毙阿都中将。两次战斗，共歼敌1400余人，给"扫荡"之敌以严重打击。

为了缅怀先烈，值雁宿崖黄土岭战役胜利50周年而建纪念碑，聂荣臻题写了碑文。

厦门革命烈士纪念碑

位于福建省厦门市区万石岩植物公园下。占地2100多平方米，纪念为解放厦门而光荣牺牲的革命先烈。1953年12月动工，翌年10月落成。碑身主体高24米，犹如擎天巨柱矗立在一片绿草绒绒的斜坡草地上，庄严肃穆。碑正面刻着陈毅的手书"先烈雄风永镇海疆"8个镏金大字，闪闪发光，碑顶饰以富有民族特色的浮雕祥云日月，象征革命先烈与日月同辉。碑座分两层，下层台基宽40米，前后各有数十级石阶，上层座砌成对称的短墙。整座纪念碑用花岗石精工雕琢砌成，雄伟壮观。碑后是圆形的烈士陵园，周用苍松翠柏修剪成宝塔、火炬和山峰等形状，环护着烈士不朽的英灵。陵园里安放着烈士的遗骨，其中有1949年解放厦门的渡海激战中壮烈牺牲的解放军指战员和支前船工；也有解放前夕坚持在厦门市区进行地下斗争惨遭敌人杀害的革命烈士。陵园左侧的高地上，有安业民烈士的陵墓，墓形似一艘舰艇。安业民是1958年8月23日炮战中舍身护炮的人民解放军海军战士。1964年移此安葬，草坪正中的纪念碑上镌朱德的题词："共产主义战士安业民永垂不朽"。

塔北沙参二井纪念碑

位于新疆维吾尔自治区塔里木盆地塔北沙参。1991年9月3日落成。1984年9月22日，沙参二井喜获高产油气流，成为我国油气勘察史上的重要里程碑，塔里木盆地油气勘察从此进入了新阶段。7年来，在地矿、石油部门努力下，塔里木盆地已成为我国油气资源最重要的战略接替区。为纪念塔里木油气勘察史上第一个重大突破，由国家地质矿产部和新疆维吾尔自治区人民政府在塔北原井位树立了沙参二井纪念碑。

鲁艺殉难烈士纪念碑

位于江苏省建湖县。为纪念缅怀200多名鲁艺师生和日寇英勇作战的业绩而建。

鲁艺是鲁迅艺术文学院的简称。1938年在中国共产党领导下成立于延安。领导人周扬、赵彝敏、沙可夫等。设戏剧、文学、音乐、美术等系，并设有研究室和实验话剧团。第三次国内革命战争时期，迁往东北，成立了"东北鲁迅文艺学院"。抗日战争时期，苏北也设有鲁迅艺术学院。先后培养了大批革命文艺干部。

皖南事变死难烈士纪念碑

位于安徽泾县皖南事变烈士陵园内。为纪念皖南事变新四军将士殉难50周年而建。1991年1月6落成。皖南事变是抗日战争时期国民党顽固派在皖南袭击人民抗日武装的反革命事件。1940年10月19日，蒋介石指使何应钦、白崇禧以国民党政府军事委员会正副参谋总长名义，向朱德、彭德怀、叶挺发出代电，对中国共产党和八路军、新四军大肆造谣诬蔑，并强令黄河以南的八路军、新四军在一个月内全部撤至黄河以北，并把50万八路军、新四军缩编到10万人。中国共产党及时揭露了国民党的反革命阴谋，同时为了顾全团结抗日的大局，同意将皖南的新四军调到长江以北。1941年1月4日，新四军军部及所部9千余人，奉命转移。6日，部队到达茂林地区时，遭到国民党军队7个师8万余人的伏击。新四军将士被迫英勇抗击，在军长叶挺指挥下，血战七昼夜，终因寡不敌众，弹尽粮绝，除2千余人突围外，大部壮烈牺牲。军长叶挺被俘，副军长项英、参谋长周子昆、政治部主任袁国平均遇害。17日，蒋介石反诬新四军"叛变"，宣布取消其番号，并声称要将叶挺交军法审判。事变发生后，中国共产党对国民党的这一暴行进行了针锋相对的斗争。1月20日，中共中央革命军事委员会发布命令重建新四军军部，并将全军扩编为7个师、1个独立旅，严阵以待，准备迎击国民党可能发动的进攻。与此同时，在政治上揭露国民党破坏抗战，实行反共的罪恶阴谋。周恩来领导中共南方局在重庆对国民党进行猛烈的反击，向国民党统治区广大人民宣传了"皖南事变"的真相，揭露国民党顽固派同室操戈、危害抗战的暴行。中国共产党的严正立场和正义斗争得到了广大人民群众和各界人士以及国际舆论的同情和支持，使蒋介石陷于孤立。为纪念皖南事变50周年，中共中央总书记江泽民题词："纪念皖南事变新四军将士殉难五十周年青山埋忠骨精神育后人"；国务院总理李鹏题词："发扬革命英雄主义，皖南事变殉难烈士浩气长存。"为缅怀死难烈士，建立了纪念碑。纪念碑高12.36米，宽27米，黑色磨光花岗石碑面上镶嵌着邓小平同志亲笔题写的"皖南事变死难烈士永垂不朽"12个大字，每个字为1.8米见方，字距有致，举目凝视，黑底金字，光辉夺目。碑身呈弧形，舒展高耸，以简洁巨大的形体象征先烈们磊落坦荡的胸怀，崇高伟大的献身精神。该碑是由安徽省城乡规划设计院院长张文起主持设计，安徽省建三公司施工建造的。

集美解放纪念碑

位于福建厦门市集美镇鳌园中央。高28米，碑身正面镌刻毛泽东同志手书"集美解放纪念碑"，背面是陈嘉庚撰写的碑文。基座两层，底层八级，顶层三级，分别象征八年抗战和三年解放战争，以昭示后世。胜利来之不易，应倍加珍惜。基座四周，环以青石雕栏。碑前有石雕牌坊，铭刻着国家领导人和名流学者的诗文对联和浮雕。精工细刻的浮雕，有历史故事片断，有动植物、工农业生产、文教卫生和体育知识，有名胜古迹和连环装饰图案，以及古代敦煌艺术的仿制品，蔚为"博物大观"。这些雕刻线条精美，形象逼真。集中表现了闽南石雕的独特风格和精湛技巧。牌坊前是一座民族形式的亭子，典雅古朴。牌坊与亭子之间是陈嘉庚先生陵墓。

寇绍周同志纪念碑

位于河南省新县武占岭林场。武占岭原是一片光秃秃的土地。80年代初，寇绍周带领30多个能吃苦的年轻人，上山造林。他们头年整地，二年栽苗，吃在山上，住在山上，一共造林3900多亩，种树100多万株，除了水杉、枫杨之外，主要是杉木，有3100多亩，寇绍周最后死在山上，林场工人为了永远缅怀这位老场长，特建此碑。

谢东屏烈士纪念碑

位于辽宁辽阳市刚家堡子附近黑山脚下。1966年4月5日落成。

谢东屏同志，辽宁新民县长岗子村人。1909年生，中国共产党党员。1931年九一八事变后，他到北平（今北京）私立中学求学，开始接触进步书籍。1934年，入东北大学以后积极参加抗日救亡运动。1938年，入延安抗日军政大学东北干部训练队，经过两年多学习到晋察冀边区政治部任干事。1943年，到冀热辽某军区城工部任部长。1945年9月，回到东北任辽阳县副县长，后任县长。1946年10月敌占辽阳期间，谢东屏同志在东部山区箕盘峪一带领导群众对敌斗争，扩大军事武装支援前线。在大西沟村被敌包围负伤，在刚家堡子休养时被反革命分子暗杀，时年36岁。

1966年4月5日，辽阳人民在烈士牺牲的地方——刚家堡子附近黑山脚下，竖立纪念碑，碑的正面镌刻着"谢东屏烈士永垂不朽"9个大字。背面镌刻着烈士的生平。

湖南烈士公园纪念碑

位于湖南长沙湖南烈士公园西部纪念区，公园南、西两门中轴线交点的山阜上。1951年12月13日湖南省各界人民代表会议奠基，1959年建成。塔堂合一，上部纪念塔，高38.6米，平面呈八方形，塔身南向正面嵌祁阳石碑心，上镌毛泽东同志题"湖南烈士公园纪念碑"9个大字。下为纪念堂，平面不等边八边形，堂四角为壁龛。竖碑铭："近百年来特别近三十年来为中国人民解放事业而光荣牺牲的湖南人民英雄烈士们永垂不朽"。堂顶为斗栱，藻井，东、西为陈列厅，陈列先烈郭亮、夏明翰等90人的遗像和事迹，并陈列全省76000多位烈士的全部名册。塔、堂均有明显收分，以示崇高。塔堂全部用花岗石贴面。塔顶用朱色斗栱承八角绿琉璃攒尖宝顶。其余平顶，墙上用绿琉璃镂空花脊。陈列厅东西两侧和堂后外墙，留有浮雕位置。堂前石级两侧各置一石鼎，为整块花岗石雕成。塔堂利用山势作台基，除西、北、东为多层石级外，南向为月台，外以石栏、墀首、壁龛和双折石级上下，更显庄严肃穆。

渡江胜利纪念碑

位于江苏南京挹江门外热河路广场中心。为纪念在解放战争中1949年4月23日渡江战役的伟大胜利而建。1959年渡江胜利10周年奠基。1979年渡江胜利30周年纪念日前夕建成。

渡江战役是第三次国内革命战争时期，中国人民解放军强渡长江的战役。在辽沈、淮海、平津三大战役后。蒋介石一面玩弄和平阴谋，一面加强长江防线，企图保存残余力量，取得喘息时间，然后卷土重来。1949年4月20日，国民党政府拒绝签订国内和平协定。解放军坚决执行毛泽东主席和朱德总司令向全国进军的命令，举行了规模空前的全面大进军。第二、第三野战军和地方武装在长江南北广大人民支援下，于4月21日晨，以木帆船为主要渡江工具，在西起湖口，东至江阴，长达500公里的战线上强渡长江，彻底摧毁了国民党军的长江防线。4月23日，解放了国民党22年来的统治中心南京，宣告了国民党反动派统治的覆灭。接着，各路大军向南挺进，5月3日解放杭州，22日解放南昌，控制了浙赣线，27日攻占全国最大城市上海。在此期间，第四野战军一个兵团于5月14日，从武汉以东团风至武穴100余公里的战线上强渡长江，15日争取了国民党军第十九兵团在贺胜桥、金口等地起义，16日、17

日解放华中的重镇武汉。此役，共歼国民党军46个师，43万余人。这一胜利，为进军华南、西南创造了有利条件，加速了全国的解放。

纪念碑以白色双帆为碑身，紫绛色船体为碑座，主体总高为23.4米，长17米，前宽10米，后宽12米。帆体碑身由18米高的两片曲帆构成，宛如一艘乘风破浪的帆船，展示出百万雄师横渡长江的壮丽场面。帆船上部嵌有一枚直径2.5米的"渡江胜利纪念章"。碑顶背面有凸字"1949.4.21"字样，是纪念毛泽东同志发布《向全国进军的命令》的日期。船形碑座，两侧微鼓，高2.1米。碑座迎江一面镌刻着毛泽东诗词《七律·人民解放军占领南京》："钟山风雨起苍黄，百万雄师过大江。虎踞龙盘今胜昔，天翻地覆慨而慷。宜将剩勇追穷寇，不可沽名学霸王。天若有情天亦老，人间正道是沧桑。"的手书。东面为邓小平同志亲笔题写的《渡江胜利纪念碑》7个用铝镍青铜铸成的金色大字。两片曲帆与碑座后部的诗碑平面，构成"八一"两个大字，它衬在红砖贴面的碑座上，象征一面火红的军旗。碑座下面有方形台基，长宽各24米，高0.6

米，台基前后各有一小型广场，前后布置两组台阶，以加强战帆形象前进的方向性。台基两侧面绿色草皮及黄杨绿篱剪成波浪形，象征征帆永远在乘风破浪向前进。附近挹江门城楼新建有渡江战役纪念馆。

该纪念碑是由江苏省建筑设计院设计的。

雷锋同志纪念碑

位于辽宁抚顺市雷锋同志纪念馆院内。1964年落成。

雷锋（1940—1962年），伟大的共产主义战士。湖南望城（现长沙县）人。出身贫农家庭，父母兄弟受日本帝国主义、国民党反动派、地主和资本家的迫害相继惨死，7岁就成了孤儿。1949年解放后，受到党和人民政府的关怀，被送入学校读书。1956年高小毕业后，在乡人民政府和中共望城县委当通讯员和公务员，被评为工作模范。1957年加入中国新民主主义青年团。以后参加沩水工程、团山湖农场和鞍钢等建设，多次被评为劳动模范和先进生产者。1960年参加中国人民解放军，在工程兵某部运输连四班当汽车兵。他认真学习毛泽东著作，努力改造世界观，迅速成长为一个伟大的共产主义战士。曾荣立二等功一次、三等功两次，被评为节约标兵和模范共青团员。1960年11月加入中国共产党，次年升任班长，并被选为抚顺市人民代表。1962年8月15日因公殉职。

1963年1月7日，国防部命名他生前所在的班为"雷锋班"。同年3月5日，毛泽东同志亲笔题词"向雷锋同志学习"，周恩来同志题词"向雷锋同志学习：憎爱分明的阶级立场，言行一致的革命精神，公而忘私的共产主义风格，奋不顾身的无产阶级斗志"，其他党和国家领导人曾多次题词号召全国人民向雷锋同志学习。纪念碑正面雕刻着毛泽东同志手书"向雷锋同志学习"。纪念碑上端中央镶置着红五星。上下两道汉白玉花环。基座上四面镶嵌着伟大的共产主义战士雷锋光辉事迹浮雕像。再现了其全心全意为人民服务的光辉一生。

榆林桥战役纪念碑

位于陕西延安榆林桥。为纪念榆林桥战役胜利50周年而建，于1985年7月落成。这座纪念碑由延安地区文物管理部门负责建造，通高2.4米。具有民族风格，庄重大方，碑面镌刻着战役经过简介。

解放烈士纪念碑

位于吉林省四平市火车站西，英雄大街和新华大街的交叉处广场中心。为纪念在解放战争时期中，解放军事重镇四平战役中牺牲的革命烈士而建。

1945年8月15日。日本帝国主义战败投降，东北光复。1946年1月18日，国民党辽北省主席刘翰东到达四平，设立国民党省政府。1946年4月4日，中共中央发出《中央关于打击四平之敌给林、彭的电示》。认为集中主力部队，在四平地区歼灭敌人，非常正确。4月18日，国民党新一军、七十一军等向四平发动进攻，东北民主联军集中第一、二、三、七师等相当于13个师的兵力，对北进之敌给以坚决阻击。5月14日，敌又增调新六军，用10个师兵力开始对四平全面进犯，我军经顽强战斗后，为保存主力，争取主动，经中央同意。于5月18日夜撤出四平。四平保卫战持续一个月之久，歼敌万余人，伤亡8千余人。此次战役对挫敌锐气，阻敌北进、东进，赢得根据地建设时间，起了积极作用。

1947年6月11日，东北民主联军第一纵队、西满第七纵队和第六纵队1个师等部队，组织进攻四平，开始扫清外围。14日晚发起总攻。20日，突破敌路西核心守备区，歼敌七十一军特务团及军直机关。21日，向路东守敌主力进攻。由于敌兵力集中，进展缓慢。此时，敌由南北两个方向增援。23日，沈阳之敌以7个师兵力齐头并进北攻。虽经我军以一纵、二纵、四纵、六纵之顽强阻击，仍然推进到四平附近。为另寻战机，避免被动，30日，民主联军撤出战斗。此次四平攻坚战共歼敌 1.7 万余人。1948 年 3 月 2 日，东北人民解放军以第一、三、七纵队和独立第二师、炮兵主力等部队完成对四平孤城敌军七十一军八十八师等部的包围。12 日发起总攻，经一昼夜之战斗，攻克中长铁路线上战略重镇四平，全歼敌军 1.93 万余人。4 月 18 日，东北行政委员会、东北人民解放军总部发布命令，在四平市建立革命烈士纪念碑，为在四平作战中英勇捐躯的烈士公葬。

纪念碑 1950 年开始修建，1963 年落成。碑高 20 米，碑身底座周长 76.2 米。碑身四面有刘少奇、朱德等同志的题词。

解放海南纪念碑

位于海南省海口市人民公园内。1954 年 4 月建成。

1949 年 10 月，广东大陆解放后，逃到海南岛的国民党军残余部队 5 个军 19 个师及海军第三舰队和空军 4 个大队共约 10 万人，企图长期盘踞。解放军第四野战军第四十、第四十三军于1950年3月5日至31日，在琼崖纵队接应下，先后以2个团又3个营分批偷渡登陆，加强了岛上的接应力量。主力在无海空军配合的情况下，以木帆船为主要渡海工具，于4月16日发起渡海登陆作战，冲破敌人海陆空军的重重拦阻，在琼崖纵队和预先登陆的部队接应下，胜利登陆，经过连续作战，共歼敌3万余人。

至5月1日，海南岛全部解放。为纪念中国人民解放军的这一光辉胜利，海南人民于1951年在海口市人民公园内建立纪念碑。碑上镌刻着朱德同志亲手题写的碑文："长期坚持琼岛革命斗争和英勇渡海作战而牺牲的同志们！你们是中华民族最优秀的儿女。你们的英雄行为对解放琼岛全中国起了不可磨灭的作用。烈士们的功绩永垂不朽！"所署时间1950年5月1日，为解放海南岛的日期。

解放太原烈士纪念碑

位于山西省太原市人民公园。为纪念第三次国内革命战争时期，在中国人民解放军解放太原的战役中光荣牺牲的革命烈士而建。

1948年7月晋中战役后。解放军华北野战军第一兵团（后改为第十八兵团）及晋绥军区第七纵队（后改为第七军）、晋中军区3个独立旅共8万余人，乘胜进逼太原。10月5日开始外围战斗，首先在小店镇地区围歼外出抢粮的国民党军2个师，接着进行外围要点争夺战，至12月4日，占领了城南和东山各要点，歼敌5万余人。此后，为了避免因攻下太原迫使北平（今北京）、天津方面之敌感到孤立而逃跑，遂缓攻太原，转入围城休整。平津战役结束后，华北野战军集中第十八、十九、二十兵团和第七军等部，于1949年4月20日对太原发起总攻，22日全部肃清周围据点，24日攻被城垣，仅4个多小时即全歼守敌。此役共歼敌12.40万余人，俘敌太原防守司令王靖国、太原绥署副主任孙楚等，结束了阎锡山在山西近40年的反动统治。

纪念碑高4米，汉白玉方形，顶部有几尊金属铸像，以纪念解放太原战役的胜利，缅怀为在此战役中为国捐躯的革命先烈，彰示后人。

新四军重建军部纪念碑

位于江苏盐城市西郊泰山庙。1986年10月9日落成。

新四军是抗日战争时期中国共产党领导的人民军队。中国共产党为了团结抗战，在建立抗日民族统一战线之后，根据同国民党达成的协议，于1937年10月，将红军北上后留在湖南、江西、福建、广东、浙江、湖北、河南、安徽等地的游击队分别集中，改编为国民革命军陆军新编第四军（简称新四军），叶挺任军长，项英任政委兼副军长，张云逸任参谋长。1938年1月，在南昌正式成立新四军军部。改编后挺进华中敌后，积极开展游击战争，打击日伪军，创建了华中抗日根据地。1941年1月7日，坚持抗日的新四军官兵9千余人行军至安徽泾县茂林地区，遭到国民党顽固派8万余人的突然袭击。经新四军浴血奋战，2千余人突出重围，近4千人被俘，2千余人壮烈牺牲。新四军军长叶挺被国民党顽固派无理扣押，副军长项英遭叛徒杀害，史称"皖南事变"。1941年皖南事变后，中共中央军委针对国民党顽固派取消新四军番号的反动命令，决定在盐城重建新四军军部。从那时起，新四军在政委刘少奇，代军长陈毅的领导和八路军的配合下，与华中广大人民一起转战敌后，不畏艰苦，浴血奋战，对日、伪、顽进行艰苦卓绝的斗争，配合全国各战场的攻势作战和全面反攻，取得了抗日战争的胜利，为中华民族解放事业和东方反法西斯斗争作出了伟大贡献。

为纪念皖南事变后重建军部45周年特建纪念馆、纪念碑于此。纪念碑高10米，李先念同志手书的"国民革命军新编第四军重建军部纪念碑"17个金色大字镌刻在碑正面中央。黄克诚同志题写了《盐城会师记》碑文。纪念碑的东西两侧，各有长约65米的碑廊，上面镶嵌着100多块大小不等的书画石刻。

《新华日报》总馆纪念碑

坐落在四川省重庆市。1988年3月5日奠基。《新华日报》1938年1月11日创刊于武汉。同年10月25日移至重庆出版发行。1947年2月28日被国民党强行停刊。《新华日报》营业部是当年公开发行《新华日报》和国内进步书刊的地方，也是中共南方局进行革命活动的秘密联络点之一。周恩来、董必武、王若飞、邓颖超等老一辈无产阶级革命家，曾在这里多次接见国民党统治区各界知名人士和进步学生，广泛开展抗日民族统一战线活动。

煤炭港遇难同胞纪念碑

位于江苏省南京市煤炭港附近。值中国人民抗日战争胜利40周年之际建成。纪念碑上镌刻的碑文记载着："煤炭港系侵华日军南京大屠杀主要遗址之一。1937年12月17日，日军从各处搜捕我已解除武装之士兵及平民3千余人，拘禁于煤炭港下游江边，以机枪射击，其伤而未死者，被押入附近茅屋，纵火活焚致死。电厂40余职工，即死于此难。立碑悼念死者，永诫后人，铭念历史，振兴中华。"

另外，在南京市侵华日军南京大屠杀遇难同胞纪念馆院内亦有一碑。

碾庄烈士纪念碑

位于江苏省邳县碾庄。碾庄，是淮海战役的著名战场之一。

1948年11月6日至22日，华东野战军在中原野战军的配合下，在此围歼了国民党黄伯韬兵团，击毙了黄伯韬，结束了淮海战役的第一阶段，为整个战役的胜利奠定了基础。1960年2月，邳县人民委员会在碾庄建立了革命烈士纪念碑。刘少奇、陈毅、刘伯承为纪念碑题了词。

鞍山市革命烈士纪念碑

位于辽宁省鞍山市革命烈士陵园内。碑文写道:"国内革命战争时期英勇牺牲的革命烈士永垂不朽!抗日战争时期英勇牺牲的革命烈士永垂不朽!解放战争时期和为解放鞍山而英勇牺牲的革命烈士永垂不朽!烈士们无限忠于人民的伟大革命精神和光荣的英勇事迹万古长青,永垂不朽!"纪念碑由鞍山市第一届第二次人民代表会议决定修建。

燕子矶江滩遇难同胞纪念碑

位于江苏省南京市燕子矶。值中国人民抗日战争胜利40周年落成。碑文写道:

"1937年12月,侵华日军陷城之初,南京难民如潮,相率出逃，内有三万余解除武装之士兵暨两万多平民，避聚于燕子矶江滩，求渡北逃，讵遭日舰封锁所阻，旋受大队日军包围，继之以机枪横扫，悉被杀害，总数达五万余人。悲夫其时，尸横荒滩，血染江流，罹难之众，情状之惨，乃世所罕见，追念及此，岂世不痛哉！爰立此碑，永志不忘，庶使昔之死者，藉慰九泉，后之生者，汲鉴既往，奋志图强，振兴中华，维护世界之和平。"

另外，在南京市侵华日军南京大屠杀遇难同胞纪念馆院内亦有一碑。

冀东抗日暴动纪念碑

位于河北唐山市。1937年七七事变后，日本帝国主义加紧了对冀东地区的侵略和控制，激起了冀东地区人民的反抗斗争。冀东党组织根据党中央、北方局和晋察冀分局的指示，积极发动和组织冀东人民开展游击战争。

1937年末到1938年上半年，先后组织了游击队，领导了开滦煤矿工人大罢工，群众运动的蓬勃发展，壮大了冀东的党组织，为冀东暴动在组织上和思想上准备了条件。1938年6月，受中共中央和八路军派遣，宋时轮、邓华同志率八路军第四纵队由平西东进到达蓟县靠山集、将军关一带，支持冀东的游击战争，暴动条件日趋成熟。6月下旬，中共冀热边特委与同盟者代表在田家湾子召开会议，决定于7月16日举行冀东全区武装大暴动，并确定成立抗日联军6个总队及各路指挥部人选。后因起义计划被敌人发觉，不得不提前起义。

7月6日夜，由李润民等同志领导的抗日联军第五总队，在滦县港北庄、高各庄、门庄一带打响。起义部队歼灭了张各庄、糯米庄的伪警察，不到10天队伍发展到5千多人，并在杨家院歼灭了300多名滦县伪警察、保安队后，乘胜进至乐亭。这时，在乐亭地区由阎达开等同志领导的暴动队伍已发展到4千余人，在抗日联军第五总队的配合下，激战4昼夜，攻克了乐亭县城。7月9日，原定在迁安、滦县、丰润起义的抗日联军第四总队，在李运昌等同志领导下举行暴动。起义武装克崖口据点，歼遵化保安队，攻克滦河岸上敌人大据点兴城，全歼王官营伪军，队伍迅速发展到4千多人。在抗日联军四、五总队的影响下，7月18日，共产党员周文彬、胡志发、节振国领导2千多名开滦煤矿工人举行暴动，其他各矿工人积极响应，部队发展到7千多人，占领了马家沟、林西、唐家庄等矿区，后转入山区与四总队协同作战。领导蓟县暴动的李子克同志，率500人的队伍在一举攻克上、下仓镇后，配合其他起义部队和八路军四纵队攻占了玉田、蓟县两城，队伍壮大到5千余人，组成了西五总队（原为三总队）。冀东各路暴动队伍，无坚不摧，接连获胜，到1938年底，暴动波及长城以南，乐亭以北，昌黎以西，三河以东的冀东广大地区。暴动部队先后攻克了玉田、乐亭、卢龙、蓟县、平谷、迁安6座县城，并且占领了不少大的集镇，控制了广大乡村，基本上摧毁了敌伪对冀东广大农村的统治。

广大党员、干部和群众在暴动中经受了武装斗争的锻炼，提高了对敌作战的本领，坚定了抗日必胜的信心。为弘扬冀东人民抗日爱国精神，表彰其在中国共产党领导下建树的抗日斗争的丰功伟绩，特建碑于此，以彰示后人。

军民共建峨嵋山纪念碑

位于风景秀丽的峨嵋山中段，著名古刹万年寺。1989年3月12日落成。

长期以来，中国人民解放军驻峨眉山部队与万年寺定点挂钩，开展了军民共建活动，在共建活动中。该部队注意了宗教、风景区政策教育，干部战士自觉尊重僧侣和寺庙的清规戒律，因此多次受到寺方的赞扬，誉该部队为"文明之师"。在共建活动中，护建了庙宇、改善了旅游接待条件，促进了风景区治安状况的好转。1988年该寺接待国内外游客60余万人次，接待服务深受好评，被评为峨嵋山市文明单位、四川省爱国卫生先进单位。1989年3月12日植树节之际，在万年寺大门旁竖起一块永久的纪念碑，碑文是："军民共建峨嵋山"。

军民同心引黄济青纪念碑

位于山东青岛市。滨临大海的青岛，却曾是一座缺水的旱城。从20世纪60年代到80年代组织了4次紧急调水工程，但仍未将青岛从干渴之中解救出来。1984年，党中央作出"引黄济青"的决断。1986年初冬，近万名陆、海、空官兵在白沙河工地上打响了工程建设的第一炮。官兵们斗酷暑战严寒，风餐露宿，克服了淤泥、流沙、涌水等种种困难，硬是掏走了12万方土石，排掉了500多万吨的地下水，开挖出千米渠道，在石桥河底修建了一条暗渠，在土质松软的地带打通了2公里长的隧洞……。三度春秋，三载苦干，官兵们同青岛市人民一起啃下了一个又一个硬骨头。1989年11月24日，黄河之水犹如从天而降。飞流直泻，使青岛城从此结束了水荒的困扰。为永远纪念这一"造福人民的工程"，青岛市人民政府竖立了这座"军民同心引黄济青"的纪念碑。

军警民共建纪念碑

　　位于北京市东城区安德里社区服务中心楼前。1991年5月落成。安德里居委会的工作人员自1983年以来坚持每半个月去中国人民解放军总政治部警卫连一次，为战士们缝补衣裤，送鸡蛋等营养品；部队的战士们平时把居委会的重活、脏活全包下来，还经常照顾这里的孤寡老人。为永远铭记军警民之间的鱼水之情，安德里居委会和所在部队于1991年5月初建"军警民共建纪念碑"。碑高2.2米，宽1.6米，汉白玉碑面上镌刻着"军警民共建安德里"8个大字。